北京城百年影像記

林京 著

故宫出版社

序

1826年，法国人尼埃普斯（Joseph Nicéphore Nièpce）拍摄了人类历史上第一张照片——《窗外的风景》（Window At Le Gras）。十三年后，1839年8月19日，法国科学院向全世界正式公布了由达盖尔（Louis Jacques Mandé Daguerre）发明的“银版摄影法”。这一事件标志着对人类历史产生深远影响的伟大发明——摄影术的诞生。

其实，中国人与摄影术的渊源并不比西方人晚。早在两千多年前，中国的墨子就发现了摄影术必备的重要光学原理——“小孔成像”，并记录在《墨经》之中。就在“银版摄影法”公布五年后，法国人于勒·埃迪尔在1844年携带整套达盖尔摄影器材来到中国，拍摄了广州、澳门一带的风景照以及当时少数中国人的人像照，这是保存至今最早的中国照片。同年，一位名叫邹伯奇的中国人独立制作出了属于中国人的第一架相机——摄影器，并摄得“平远山水”一幅。可以说，于勒·埃迪尔与邹伯奇是揭开中国近代摄影史序幕的两位开创者。

故宫博物院现存清末以来各种材质的照片近四万张（件），其拍摄时间最早可以上溯至19世纪60年代，所摄内容以清末民国人物、宫廷建筑、工厂学堂、故宫博物院院史为主。在为数众多的影像收藏中，众所周知的慈禧太后系列照片，总量在七百张以上；包括紫禁城、三海、西郊园林在内的大量宫殿园林照片，在很大程度上指导着今日对现存古建筑的保护与利用；19世纪80年代，清廷曾拍摄过一批参与筹建北洋海军的官弁人员组照；反映逊帝溥仪退位后“小朝廷”生活的历史照片及其日后寓居天津的生活掠影；还有民国时期在政治、文化、实业、教育、军事、外交等方面的知名人士旧照等等，均是故宫博物院在影像收藏方面的特色种类。

《北京城百年影像记》的作者林京是一位在故宫工作了近四十年的“老故宫”，紫禁城中每一处院落、每一座建筑都留下了他奔忙取景的身影。在许多图书、画册中，经常可以看到林京的作品。他拍摄的紫禁城题材照片主题鲜明、视角独特，且不局限于紫禁城这一方城池，像西苑三海、西郊园林、避暑山庄这些往日的皇家宫殿与园囿，都留下了他的足迹，很多著名历史风物的拍摄机位与视角都是他独创的。在拍摄之余，林京还将大量精力投入到对老照片的整理与研究、对故宫博物院藏清宫旧影的整理与出版上，倾注了大量的心血。20世纪八九十年代，由林京等人翻拍的慈禧太后等清宫人物的照片，第一次系统、清晰地向社会公开了这些著名人物的影像，在海内外引起强烈反响，掀起了一股老照片热潮。在研究方面，林京广泛搜求第一手资料，特别是寻访了包括溥杰、溥任、完颜爱兰等皇室成员在内的诸多历史的亲历者，与他们谈往事、话变迁，挖掘老照片背后的故事，并将其付诸绘声绘色的文字中去。四十年来，林京发表在报刊、图书上的文字以数十万计，对很多资料的收集与保存带有抢救性的意义，这是难能可贵的。

林京的《北京城百年影像记》一书，是继他的前两本专著《皇朝落日》、《寻觅旧京》后的第三部作品，书中述说历史事件、历史人物，反映的是清末到民国这段时间北京的建筑风貌、风景名胜、九坛八庙、九门内外等，在内容上三本书各有侧重，互为补璧。在《北京城百年影像记》中，我们得以通过摄影师的镜头穿越百年，领略帝都北京的风貌：紫禁城里空旷宁谧的外朝与深邃幽静的内廷，诉说着神秘的宫壸往事；三海浩渺碧波中倒映着琼岛与团城，长堤垂柳连缀着青松翠柏；帝都城垣，内外双环，虽饱经风蚀，却苍劲依然；还有敕建庙宇，御苑夏宫，历尽罹劫，风骨犹存……这些老照片生动复原出一幅老北京的"清明上河图"。书中将百余年来京城风貌一览无余，帝京群像、市井民俗、旧京风情皆娓娓道来。海量图像弥足珍贵，鲜活的文字将千年帝都之历史辙痕与昔日风貌完美地呈现。本书回味着京味儿文化，延续着文明的吉光片羽，承载着丰富的文化气息和厚重的历史底蕴。

"阅今千年峨天阊，地灵信比长安长。"乾隆皇帝曾这样形容帝都北京。希望这本《北京城百年影像记》能够将三千年城郭营建、八百六十年都城缔造的壮美故事，还有那些宫规民俗、京华众生、市肆街衢真实地展现给世人，它们沧桑阅尽却雄浑依然。

郑欣淼

二〇一五年十二月

目录

第一章　皇宫禁秘

中国自古以来建邦，先取地理之形势。北京优越的地理条件是朱棣迁都、营建紫禁城的原因之一。北京地处华北平原北端，其西北部，穿越冀北山地可达蒙古草原；东北部通过辽西走廊可通到我国东北地区，成为联系中原和西北、东北的枢纽之地。正如《顺天府志》云："燕环论海以为池，拥太行以为险，枕居庸而居中以制外，襟河济而举重以驭轻，东西贡道来万国之朝宗，西北诸关壮九边之雉堞,万年强御，百世治安。"

《故宫遗录》描述北京："虽天上之清都，海上之蓬瀛，尤不足以喻其境也。"北京景色优美，其周围有许多河流环绕。京西有汇聚玉泉水形成的湖泊名昆明湖，下流注长河到西直门外汇入城内而有金水河。西南郊有由桑干河、洋河和妫河汇合而成的永定河。东北郊有白河，其支流流经通州与通惠河为北运河，又与南运河相通，构成南北大运河，可转东南之粟，财货骈集。北京的气候是标准的温带大陆性季风气候，也是建都的不可少的因素。

北京依山带海，形势雄伟博大，甲于天下，自古被称为形胜之地。古人云："天下山川形胜，雄伟壮丽，可为京师者，莫逾金陵，至若地势宽厚，关塞险固，总握中原之夷旷者，又莫过燕蓟。"

孙承泽对北京的地理位置与风水环境曾做过精彩的论述："太行自西来，演迤而北，绵亘魏、晋、燕、赵之境，东而极于医佾无间。重冈叠阜，鸾凤峙而蛟龙走，所以拥护而围绕之者，不知其几千万里也。形势全，风气密，堪舆家所谓藏风聚气者，兹地实有之。其东一带则汪洋大海，稍北乃古碣石，稍南则九河既道所归宿之地，浴日月而浸乾坤，所以界之者又如此其直截而广大也。况居直北之地，上应天垣之紫微，其对面之案，以地势度之，则泰岱万山之宗正当其前也。夫天之象以北为极，则地之势亦当以北为极。易曰：艮者东北之卦也，万物之所以成终而成始也。艮为山，水为地之津液，而委于海。天下万山皆成于北，天下万水皆宗于东。于此乎建都，是为万物所以成终成始之地，自古所未有也。”

“夫以北辰为天之枢，居微垣之中，而受众星之所向，则在乎南焉。今日京师居乎艮位，成始成终之地。介乎震坎之间，出乎震而劳乎坎，以受万物之所归。体乎北极之尊，向乎离明之光，使夫万方之广，亿兆之多，莫不面焉以相见。则凡舟车所至，人力所通者，无不在于照临之中。自古建都之地，上得天时，下得地势，中得人心，未有过此者也。朱文公熹曰：冀都天地间好个大风水。山脉从云中发来，前面黄河环绕。泰山耸左为龙，华山耸右为虎。嵩山为前案，淮南诸山为第二重案，江南五岭诸山为三重案。故古今建都之地皆莫过于冀都。”

如此形胜之地，正是我国古代都城设置的得天独厚的条件，其宗旨在于审慎周密地考察自然环境。顺应自然而臻于天时、地利、人和，诸吉咸备，达到天人合一的至善境界。在北京的自然环境与历史条件相结合之下，才促成永乐帝朱棣由南京迁都北京，营建北京紫禁城宫殿。

永乐四年（1406）朱棣下诏，于次年五月开工。当即由各省征调工匠、民夫工役，轮班值换，营建新都，其总数高达百万。

紫禁城所用的木料，是朝廷派遣工部尚书宋礼到四川、古朴到江西、刘观到浙江、史仲成到山西、师逵到湖广各省采办的。其中楠木和杉木采自这几个省份。四川伐下的木料，要待到山洪暴发才能冲下山，沿江而下，然后由运河送到北京，所耗费用十分巨大。仅以后来明万历年间重修三大殿所采办的楠木、杉木而论，费用即达白银九百三十余万两。

紫禁城所用石料，大都采自北京近郊房山大石窝及河北蓟县盘山等地。但是运到北京也极其艰难。据现有材料记载，明嘉靖时重修前朝部分，三大殿中道大石长三丈、阔一丈、厚五尺，派顺天府等八府民夫两万人，利用冬季，每里路挖一口井，用水浇成冰道，做成旱船，需上千匹骡马拉运二十八天才到北京。

紫禁城用的城砖多是山东临清窑所烧制，砖长一尺五寸，宽七寸五分，厚三寸六分，重四十八斤。临清砖官窑建于永乐初期，设窑384座，明代前期，每年交砖100万块，万历三年起，加为130万块。窑户们的艰难是不言而喻的。紫禁城宫殿室内所墁的方砖称为“金砖”，从选土、练泥、澄浆、制坯、阴干到入窑需二十余道工序，并经生桐油浸泡后才成。每块砖制成时间为一年，要求“敲之有声，断之无孔”。金砖由江南的苏州、江宁、常州、镇江、松江五府承烧，地距北京1000多公里，均由漕船运到北京通州。

紫禁城一式红墙，这是中国表示庄重尊严的色调。瓦多为黄色，黄色在五行学说中代表中央方位，故封建社会以此作为皇室的标志颜色。不过，皇子居住的南三所只能用绿瓦，这就是等级不同的体现了。另外，文渊阁是藏书楼，为怕火灾，用了代表水的黑色瓦。紫禁城所用的琉璃瓦，主要是由西窑承烧的。西窑是元朝营建大都时从山西迁到北京，先设在和平门外海王村，后扩展到西山门头沟琉璃渠村。

紫禁城是以南京宫殿为蓝本，沿用元朝大内的旧址建造的，只是由北向南推移了近四百米。午门位于元皇城棂星门处，奉天门内的三大殿位于元大内崇天门至大明门一段，内廷后三宫则立于元大明殿旧址。元朝的东华门、西华门原在两边城墙中部，明朝移到城墙南端，使得防卫更加严密。

永乐十八年（1420）紫禁城基本建成。面积72万平方米，近百个院落，房屋9000余间，建筑面积近16万平方米。这是一座长方形城池。东西宽750米，南北长960米，周长3428米。城墙高10米，下宽8.62米，上宽6.66米。四面各有一门，南为午门，东为东华门，西为西华门，北为玄武门（清代康熙年间改名神武门）。城墙四隅各建一座结构精巧的角楼，俗称九梁十八柱七十二脊，为中国古代建筑中特有的形式，是绝妙的艺术杰作。

紫禁城外围绕着一条宽52米，长3800米的护城河。河水可以溯源至北京西郊玉泉山，西方在五行中属金，“取金生丽水”之意，故名金水河。天安门外的金水河为外金水河，午门内为内金水河，河上架金水桥。内金水河在紫禁城内曲折蜿蜒，是仿凤阳中都城而设的。金水河的开凿，既利于宫廷建筑的消防之便，更是紫禁城排泄洪涝的骨干渠道，同时也是宫廷建筑的重要点缀。金水河亦成为护卫紫禁城的重要设施。再加上高耸的角楼、雄伟的城垣，构成了紫禁城“金城汤池，深沟高垒”的严密防御体系。

紫禁城宫殿的布局保持严格的对称形式，主体建筑位于中轴线上，而以变化的庭院、高矮错落的楼台亭阁组成不同气氛的空间，构成浑然的整体，显示着封建帝王至高无上的权威。

明永乐十八年（1420）朱棣下令：“诏自明年改北京为京师，十一月迁都北京。”永乐十九年正月初一日，永乐帝御北京紫禁城奉天殿，受贺迁都定鼎。

紫禁城的平面配置，采用中国传统礼法，依据《周礼·考工记》中“国中九经九纬，经涂九轨，左祖右社，面朝后市”的格局，建筑在北京城南北长八公里的中轴线上。从永定门起，经正阳门、大明门（清代改名大清门）、承天门（清代改名天安门）、端门、午门、奉天门（清代改名太和门）、奉天殿（清代改名太和殿）、乾清宫、景山，至钟鼓楼。紫禁城前，左有太庙，是皇帝祭祀祖先的地方；右有社稷坛，社是土神，稷是谷神，坛土用五色，表示帝王统天下版图。此外，按天南、地北、日东、月西之说，建天坛、地坛、日坛、月坛，紫禁城则处于四坛的中心。紫禁城规划严整，气魄宏伟，极为壮观，无论在平面布局还是立体效果以及形式上都属无与伦比的杰作。

从正阳门到紫禁城正门午门，左右庑是二里多长的连檐通脊廊房，中立三座高大的城门楼，两边大小广场穿插其间，气势雄伟庄严。廊房外的两边，又是六部和五军都督府。这一切，成为紫禁城的前卫范围。

紫禁城的西面是中南海，原称太液池，中有琼华岛为辽金时代离宫，元朝改建为宫苑。北面有万岁山，俗称煤山，因明初于此堆煤得名。永乐年间用修筑紫禁城的碴土及挖护城河、中南海的泥土堆积成山，周围二里许，主峰高44.6六米，意在压胜元朝，故又叫“镇山”，此山是北京城当时的最高点。它与紫禁城南的金水河互相呼应，构成中国建筑背靠青山、面临绿水的传统格局。

紫禁城之外的皇城，是利用元朝旧萧墙改建的。皇城中除宫苑外，还有直接给宫廷服务的内府，明朝为二十四衙门，清朝为十三衙门，后改称内务府。皇城是紫禁城的外围禁区。

整座紫禁城，实际上是以三道大墙围护着千门万户，形成城外有墙，墙外有城，城外又有墙的森严壁垒的禁地。明清两代先后曾有二十四位皇帝居住在这里，统治中国达四百九十一年之久。

中国古代天文学家，根据对天体的长期观察，认为紫微星垣位于中天，位置永恒不移，是天帝所居。因而，把天帝所居的天宫谓之紫宫，有“紫微正中”之说。紫微星垣是以北极星为中枢的星群。北极星亦称北辰，古人认为它是天上最尊贵之星。

封建皇帝自称是天帝的儿子，是真龙天子。把他们所居的皇宫比喻天上的紫宫。他们更希望自己身居紫宫，可以施政以德，四方归化，八面来朝。达到江山永固，以维护长期统治的目的。

明清两代的皇帝，为了维护他们自己的权威和尊严以及考虑自身的安全，所修建的皇宫既富丽堂皇，又壁垒森严。明清皇宫这座城池，不仅宫殿重重、楼阁栉比，而且围以10米高的城墙和52米宽的护城河，哨岗林立，戒备森严。平民百姓不用说观赏一下楼台殿阁，就是看一看门额殿角，也是绝对不允许的。

明清皇帝及其家属居住的皇宫，除了为他们服务的宫女、太监、侍卫人员之外，只有被召见的官员以及被特许的人员才能进入，是外人绝不能逾越雷池一步的禁地。因此，明清两代的皇宫旧称紫禁城。

清代等级制度是非常分明的，就连进出紫禁城各门也都有极严格规定，不论是宗室王公、文武大臣或执事人员等都有很多明文限制，如规定宗室王公只准从午门右门出入，各文武官员进出左门。而大臣、侍卫、内务府等官员及内廷有执事官与内务各执役人等如准进宫，都需在规定所经之门，将姓名及所属旗分佐领和内管领造册咨送登记后，才可放行。在紫禁城内不论经过哪个门都是如此。到宫里服役的工匠人等，每人由所管机构发一个随身所系木牌，写清姓名、工作、差役等作为出入凭证，俗称“腰牌”。由护军中识字的人在城门核对底册。

没有登记或不带腰牌者不准放行。每个城门都设有二根红杖，由护军更番轮执，坐在城门下守卫。凡亲王以下经过时都不用起立。有不报姓名想擅自进宫者，则用木杖杖之。凡无故混入或随便携入未经准许入宫者，要分别处置。

从乾隆四十七年（1782）十一月十三日起，在紫禁城内每夜都要有领班的王公及领侍卫内大臣、部院大臣、都统等五人巡察各所属侍卫亲军、章京和护军，以及周围各种情况。由他们从二更到五更分为六班轮流进行巡察。皇帝不时派身边的侍卫暗中巡察，倘有旷班或任意睡懒觉、不坐更者，一经查出即会同领侍卫内大臣，参奏治罪。

禁城重地为防止有人闯入等意外情况，规定值班官兵都必须佩带腰刀，应急所用，并不是为了“徒壮观瞻”。但天长日久，一些官兵就不按要求去做，把腰刀当成儿戏，懒得佩带，看见王公大臣经过时，才匆忙拿起腰刀佩带，有时措手不及。但各门值班侍卫并不以为然。

嘉庆十年（1805）四月九日，神武门章京护军等擒拿逆犯萨弥文时，有好几人就是在夺他兵器时被其砍伤。显然在这时，这些章京护军也没佩带腰刀。皇帝本应将这些人拿去问罪，但看在其擒拿逆犯时都很奋勇，才没有过深追究，还将那些被砍伤的章京、护军校、护军等分别提升和奖赏。自这件事发生后，紫禁城内各门就都排设各种枪刀兵器。在嘉庆十年（1805）四月十日，依据前锋统领、护军统领等奏书，嘉庆皇帝下令：普遍清理各门堆放的兵器，如有稍旧或损坏，拿到武备院修理。太旧的登记注册，一律陆续抽换。库存兵器如有损坏，令在一年内必须修两次，五年更换一次。并提到：兵器可百年不用，但不可一日不备，务使兵器都锐利适用。值班侍卫、章京、护军等都需时刻佩带及保管好自己的随身腰刀。凡违反者要加以严厉处治，并要通报各王公大臣等。在经过城门时，如发现兵器摆放不齐或值班侍卫等有不佩带腰刀的，立刻查问。并让管此事的大臣等去严肃处理。要是章京大臣在巡察时发现这些情况，没有罚办当事人，就将其一起从重治罪，决不轻贷。并将处治告示贴在各门值班房内，随时引起大家注意。

紫禁城这个在清代禁卫森严的地方，即使是宗室王公、蒙古王公等这样一些受宠的人，在进紫禁城时，所带随员人数也都分别有极严格的等级规定，并绘图贴说，不准超越。规定：亲王、郡王准带十人。王以下贝勒、贝子、公、一品文武大员准带八人。二品文武大员及三品京堂官准带六人。四五品京堂官准带四人。文职五、六、七品，武职三、四、五、六品官员准带二人。文职八品、武职七品以下官员准带一人。除护卫官员照旧随带进宫行走外，其余随仆等自王以下，文职三品、武职二品以上大官员及内廷办事各官，所带的随仆只准随到景运门、隆宗门外，在台阶下二十步以外停留等候。其他随员只能到左翼门和右翼门台阶下为止，并由管门章京率领护军检查。要是经神武门出入的，都只允许从东西夹道行走，经东华门出入的由东夹道南北行，至左翼门或景运门外。造办处及内务府等宫内服务机构的人员，每天都由总管内务府大臣派人检查，不得到隆宗门外等处站立或停留。而左翼、右翼、协和、熙和、阙左、阙右等门都各有官校，分别检查。严禁任何人到不该去的地方，违者按规定罚处。就是蒙古王公、贝勒、贝子、台吉及回部、番部之王公、伯克、土司等所带仆人、随从人数也都按品级分别规定，均不得逾越。若他们向宫内进贡等，也按指令在东华门三座门内至三座门外、石桥以南排列，听候交纳。由理藩院派笔帖式、领催等带进东华门。

清代的门卫制度及宫规禁令是极为严格的。就连宗室王公、文武大臣也都望而生畏，小心行事不敢冒犯。皇帝还亲自告诫，严查核实，责罚不贷，以确保紫禁城安全。

紫禁城鸟瞰，1901年

皇城正门大清门、天安门，1901年

天安门北面，1900年

紫禁城、太庙鸟瞰，1945年

太庙，1901年

端门，20世纪初

从千步廊看天安门，1900年

午门，1900年

午门，20世纪初

午门北面，1900年

太和门，1900年

太和门明间，1900年

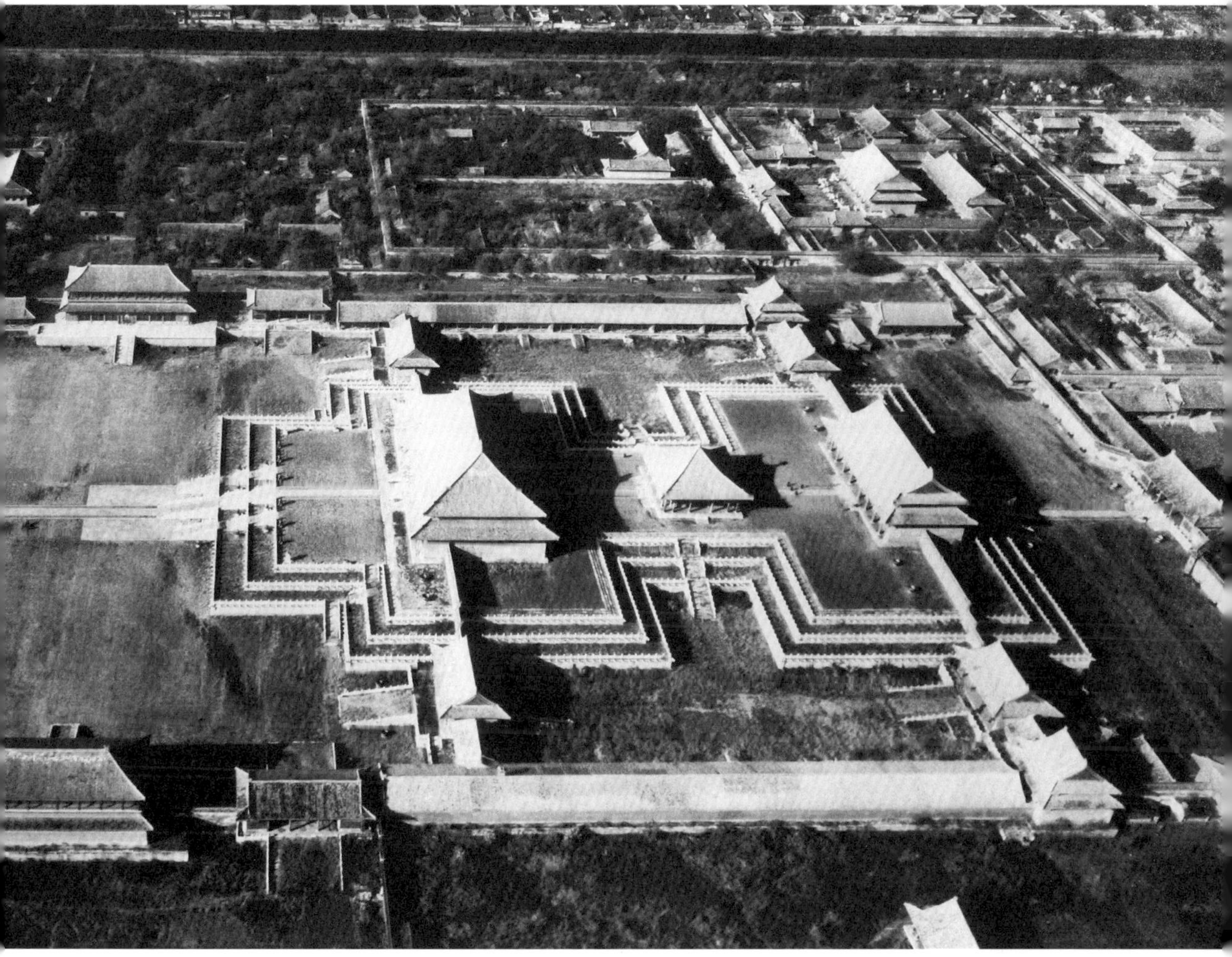

紫禁城三大殿鸟瞰，1945年

太和殿，1900年

太和殿前丹陛，1900年

太和殿宝座，1900年

中和殿，1900年

保和殿，1900年

保和殿北面，1900年

乾清门，1900年

乾清宫，1900年

乾清宫宝座，1900年

溥仪坐在乾清宫宝座上，1917年

交泰殿，20世纪初

交泰殿宝座，20世纪初

交泰殿、坤宁宫，1900年

皇极殿，1900年

皇极殿宝座，1900年

养心门，20世纪20年代

养心殿明间外，20世纪20年代

储秀宫，1900年

翊坤宫，1900年

养性门，20世纪20年代

御花园天一门，1900年

御花园承光门，1900年

紫禁城内廷鸟瞰，20世纪20年代

武英殿、西华门鸟瞰，1945年

紫禁城建福宫花园与西北角楼、城墙，20世纪20年代

断虹桥，1900年

神武门，1900年

东华门，1900年

西华门，1900年

角楼，20世纪20年代

角楼，20世纪初

紫禁城北护城河、景山，20世纪20年代

紫禁城东北侧鸟瞰，20世纪20年代

第二章　亘古胜地

北京城三千年的营建史，八百六十年都城的缔造史，五千年沉淀而成的文明精粹，形成了北京城超凡脱俗、气势宏大的独特气质。从西周时期的燕国都城，到秦汉、隋唐时军事重镇，再而辽南京、金中都，以至于元明清三代皆建都于此。北京内城、皇城之中的一些历史建筑物，早已被拆除，现今只留下一些街道胡同名称，还在反映着北京城的历史与人文内涵。过年是一年最重要的节日，文武官员身著朝服，于元旦之晨进京拜贺皇帝。而市井百姓也纷纷出门拜年，街坊巷弄人头攒动，爆竹鸣放，北城主要街道上的地标建筑东单牌楼，周围汇集着众多观看江湖杂艺表演的人们，紫禁城东华门前聚集入京朝贺的官员及其随从侍卫。年节习俗、门面招牌，呈现帝京的风俗习惯。京城景象以满族文化为核心，帝国广治、天下太平。

京城素有“东富西贵，南城禽鱼花鸟，中城珠玉锦绣”之说。清朝沿用明朝北京城的格局，但对内外城的利用却有变化。当时，满族八旗子弟已形成一个贵族阶层，官高位显，成了“主宰天下”的上层集团，因此不能与汉民同居一城，由于紫禁城处内城之中，故内城主要居住王公、贵族、旗人，和少数被封赏有赐第的汉族显宦。原居内城的一般汉族及中下层官员，则一律迁到外城。这样，就形成了一个外城以汉人为主，包括中下层官僚、绅士、百工商贾、医卜娼优和以劳动为生的各阶层民众的生活区，形成了内外城诸多的不同生活习俗。

由于皇亲贵戚居住内城，因此内城房屋的样式及生活设施，大都充满了贵族气息和八旗习俗。内城落院宽阔，屋宇高宏，这也是由于内城诸宅多明代勋戚之旧，清代的世家大族又互相仿效的原因。

北京内城城墙分出京城内外，站立在高耸的城墙上，周围景色一览无余。城墙坚固厚重，内外壁均为下石上砖，为夯土墙外包青砖，外侧有收分。城垣外部每隔一段距离，修筑与城墙高度相同，三面向外突出的墩台城垛。垛口下部开有防御性用途的方形枪炮眼。城垣上设有驻兵的铺房，专供守卫士兵休息或堆放武器物品。清代城墙上的巡守制度，多由前锋护军营轮流值班，每夕分派三、四品章京四员上城催查，负责城内的巡视和治安。清朝对内城护卫管理十分严格，设“提督九门巡捕五营步军统领”，简称“九门提督”掌管门禁和城门锁钥。虽是“门官”，权力却不小，每到钟楼的大钟一“起更”（晚八时左右），提督衙门的巡街官员率领凶神似的兵丁开始巡街，这叫“宵禁”，实际上捉不住贼，反给百姓造成诸多不便。

京城东南角，古观象台旁一段元代通惠河故道，又称泡子河。明代《燕都游览志》有云：“泡子河在崇文门之东城角，前有长溪，后有广淀。高堞环其东，天台峙其北，两岸多高槐垂柳，空水澄鲜，林木明秀，不独秋冬之际难为怀也。”天台指的是古观象台，泡子河水无上源，是由积水形成的水面，“泡子”意即有积水的坑塘、水坑。明清时期这一带多高槐垂柳，环境幽静，风光宜人，许多私家园林与寺庙建于附近，今日泡子河已被填平成道路，上方修建为居民住宅。

北京古观象台建于明正统七年（1442），利用元大都城东南角楼改建，位于内城东南部，依东城城墙筑台。此台明代称作观星台，隶于钦天监，是明清的皇家天文台。北京古观象台为砖石垒砌高台结构，台顶部分精平顶，四周呈梯形，与原城墙连接。西、北两面有蹬道石阶，由南登上，折而向东，直达台顶，台上南、西、北三面设有八架巨型天文仪器，并建有观测房。台下西边一组坐北朝南的官式四合院名紫微殿，正殿房顶为琉璃瓦，正脊两端安有正吻，另有东西配殿耳房，屋脊上亦有龙吻，垂脊前端饰以脊兽，乃皇家禁地。古观象台归属钦天监掌辖，负责修订历法，专业性强，故监官子孙世袭，不得改任其他职务。天文科其职责分工：凡晴、雨、风、雷、云、霓、晕、珥、流星、异星，汇录册簿，应奏者送监密疏上闻。除观察记录天象、日月、五星、七曜等事务之外，还要为各种正常、异常天象出具占语。每日钦天监值日官，率同天文生在观象台夜晚轮番观测日月、星辰、风云、气色诸天象，按时记录，如遇天象变易，即时呈报。古代天文观测多以目视为主，台上共有五位官员，一人注视天顶，其余负责东西南北四方，认真察看祥瑞天象之形貌。

乾隆二十五年（1761）十二月二十六日，北京古观象台观测到日月合升，五星联珠。这一天，太阳、月亮与水星、金星、火星、木星、土星五大行星排列成近乎在一条直线的奇特天象，总共七个光曜的天体同时出现，在古代，此种天文上罕见奇特的现象代表着吉兆，并与国家兴衰相关。乾隆朝国力强盛时期，在皇帝治理下的百姓安居乐业、天下太平，并藉此以称颂皇帝德政。

鼓楼位于京城南北中轴线的北部，元代叫齐政楼，是一座高46.7米，重檐歇山顶的建筑。建于元至元九年（1272），是元大都的中心，明永乐十八年（1420）在元代鼓楼旧址的东边重建。鼓楼建在一座高高的砖台上，红墙绿瓦，十分壮丽。它是古代向全城报以时刻的中心，原来定时的计时器是“铜壶滴漏”和定更的“更鼓”。钟楼在元代是万宁寺的中心阁，高47.95米，明永乐十八年（1420）在中心阁旧址建钟楼，后毁于火灾，现为乾隆年间建。

北京城遗留下的明清城墙与城门，除今正阳门、内城东南角楼、德胜门箭楼和东西便门两小段残墙外，已无迹可寻了，让世人产生无限遐想。通过一些历史照片，上面的景象才能够保存至今，令人怀念流连。

大清门前棋盘街，20世纪初

大清门，20世纪初

中华门，1914年

天安门，20世纪初

天安门前华表，1900年

天安门前金水桥，20世纪初

外金水桥汉白玉栏板，20世纪20年代

正阳门城楼，20世纪20年代

正阳门城楼下的黄包车，20世纪20年代

正阳门箭楼下的黄包车，20世纪20年代

崇文门城楼，20世纪初

崇文门城楼，20世纪初

崇文门城楼马道，20世纪初

崇文门内，20世纪初

崇文门瓮城，1900年

崇文门城墙，1900年

崇文门外铁路，20世纪20年代

德胜门箭楼，20世纪初

西直门城楼、箭楼与瓮城，20世纪初

城门前马车，20世纪初

内城西南角楼，20世纪初

内城东北角楼，19世纪

南玉河，1900年

通惠河码头，20世纪20年代

钟鼓楼，20世纪初

鼓楼，1900年

钟楼，20世纪初

钟鼓楼鸟瞰，1945年

京城王府，20世纪初

永定门内大街，20世纪初

北京贡院，19世纪末

大高玄殿、景山，1906年

景山、大高玄殿习礼亭、牌楼，20世纪初

大高玄殿及山门前牌楼，1900年

景山山右里门，1906年

景山寿皇殿前石狮、牌坊，20世纪20年代

景山寿皇殿，20世纪初

景山寿皇殿，20世纪初

景山观妙亭，20世纪20年代

古观象台，20世纪初

古观象台，20世纪初

古观象台，20世纪初

古观象台天体仪，20世纪初

古观象台赤道经纬仪，20世纪初

古观象台象限仪，20世纪初

古观象台象限仪，20世纪初

古观象台地平经纬仪，20世纪初

古观象台地平经纬仪，20世纪初

古观象台浑仪，20世纪初

古观象台地平经纬仪，20世纪初

古观象台简仪，20世纪初

城墙下的码头，20世纪20年代

第三章　城垣内外

明成祖迁都北京时，天下富商两万多户迁入京都，散居在前门、东单、西四、鼓楼等地。凡经这些地段，可谓店铺林立，车水马龙，盛极一时。最能体现旧京城市风格之一的就是重要街道上的牌楼。东单牌楼清代称就日坊，高耸壮观的花板坊心、上方牌匾书有“就日”金字。指民心向往皇帝，可以感受到皇帝的隆恩。东单牌楼为冲天柱式大型彩绘木牌楼，三间四柱三楼，门洞上有出檐屋顶。屋顶为官式建筑常用的歇山式，并在檐下加上斗和枋，是一种屋宇式牌楼。枋心、花板均有蓝青缘绿彩画。牌楼基座以汉白玉石包住，柱两边带戗杆以增加负荷载，保护楼柱。牌楼乃跨街牌楼，当街而立，中间最高大宽广，左右两侧较为低矮，修筑在群众聚集的十字大街上，传统商业街道两旁建有无数店铺。周围人流熙攘，繁华热闹，贩售各类货物，各种曲艺杂技表演者皆聚集于此。

北京内城中原有城郭共三重，外面是内城称京城，在内城以内有皇城即外禁垣，在皇城中有宫城即紫禁城。皇城有天安、地安、东安、西安四门，四门以内的皇城为禁区，平民不得随意通行出入。内城为满、蒙和少数汉军旗的八旗军民所驻守居住，汉人被强令搬迁到外城或郊外。乾隆年间皇城全由满洲八旗负责管辖，地区较之前缩小，又允许八旗子弟居住在东、西安门一带。东安门城墙为朱墙上面覆以琉璃黄瓦，其外型不像内城城墙和紫禁城城墙高大宽广，城墙外原有一条环城的护城河。东安门在玉河之西，明初仍为运输通道。因距宫城近，喧嚣之声听闻于宫禁大内，当时将皇城东墙东移，东安门亦向东移，并将玉河包入皇城之内，城内水运遂废。东安门为黄琉璃瓦单檐歇山顶，正脊龙吻上方有剑靶，下方有方眼勾颈瓦，以及垂兽及仙人。东安门面阔五间，正中三间为门洞，门上有金钉，东西暗间为值班房，乃京城八旗戍守地点，负责巡逻纠察任务，以维持北京城的治安。门前放置红木座，各插长枪杆，具有象征性警卫作用。此门类似出入通道的哨卡，每日夜晚按时关闭，控制通行。皇城城墙为南北走向，东安门西面与紫禁城东华门相对。皇城城门居中，东安门早在1912年即遭兵火焚毁。

东安门内皇恩门西的东安门旧址，明宣德时改成三座门式，称东安里门，清代称三座门。东安里门为三间五楼方洞的砖石琉璃门，单檐歇山顶，门基石为须弥座式，砖墙外粉刷朱色，门内地面用大块石板铺地。东安里门中间专为皇室通行，两侧为文武官员及一般民人所设。车轿人马通行左进右出，中间一道门禁止通行。东安门内有跨玉河的三孔石拱桥，因官员们上朝，皆由东安门进宫，俗称此桥为皇恩桥。皇恩桥上砌有障墙，将两门连为一体。桥头另设有守卫值房，乃出于保护宫城的需要。紫禁城外设有护城河，河围绕着城墙，河道是直的，又称筒子河。河内侧两边建有围房，警卫森严。明清官员出入紫禁城由东华门进，城门前下马碑石正反面分别以满、蒙、汉、回、藏五种文字镌刻“官员人等至此下马”。下马碑前，文官下轿，武官下马，不得逾越。

京城贵族阶层使用的出行代步工具，车用畜力，舆用人力。清初官员都乘马，后来文官可坐轿子，轿子规格与跟班护随，均依品级而定。亲王、郡王、贝勒坐八人轿子，贝子、镇国公、辅国公坐四人轿子，轿夫扛抬蓝色轿子，而由二人前后抬着称小轿。在东华门前筒子河边，停靠有许多铺盖灰、黑、绿、蓝色油布的轿子，入京朝贺的主人在此下轿，轿夫立于桥上等候。明代官员行至东华门即下轿马，步行进入紫禁城，其随行仆役人数仅三四人。清代王公大臣、文武官员，自东华门下轿，进入紫禁城向皇帝朝拜。城门两边肃立十几位身穿蟒服腰上配刀的内廷侍卫，查验朝拜的文武官员。临近紫禁城之处不得喧哗，抵达护城河及下马碑之后，文武官员皆徒步行走，而其马匹、轿夫、随侍则等候于东华门外，其中有些人进入酒铺、饭馆等待休息。

清代北京内、外城分别按东、西、南、北、中的方位，分割成内五城与外五城几个行政区域。内城多东西向的胡同，规划整齐，外城则南北向胡同较多，斜街也较多。其中东城区和西城区，两区域相交的核心地带是皇城。内城、皇城内建宽敞平直的城内大街，主要以联接各城门的官道为主要干道，两侧分布是东西向直线为主的胡同。为了便于管理，北京城下设坊，坊区内有巷道，将京城分割如同棋盘布局，其间的巷子即胡同。胡同基本上是东西走向，平直规则，两侧排列着住宅的大门。北侧朝南开的是正门，比较高大，南侧朝北开有的是大型住宅的后门，也有小型住宅的大门，尺度形制较为低矮。两条胡同之间正好是一所住宅的基地深度，合院前、后门各临一条胡同，占地依其规模而有不同。北京城内大街才有商店，胡同里没有店家铺面，居住环境非常舒适、安静。

京城内街巷胡同出入口，都设有护门栅栏，并有兵丁看守，夜晚定时关闭以利治安，作用如防盗门。乾隆十八年（1753）北京内城栅栏共1199座，皇城有栅栏116座，对于胡同内的商铺与民居有防止盗贼的功用，然而现今多已无存，仅留下许多名为栅栏的胡同。京城内纵横交错如棋盘式的道路，居家里坊周围没有围墙，开放式的街道上立有木坊门。由两根立柱架一根横木，柱侧安装可开合的直棂门扇，每日按时启闭坊门，以便于治安管理。

北京典型民居“四合院”是四面围合的青砖瓦房，基本构成要素包括宅门、倒座门、垂花门、抄手游廊、正房、厢房、围墙，其形制为北房正房、南房倒座房和东西厢房围绕着中间庭院。依据长幼尊卑的传统观念，祖辈居正房称堂，亦作为会客、集会、祭祖之用；倒座房用作书房、客房或仆人居住；主院两侧各有厢房，是年轻辈居室；东西端设有储藏室、碾房和仓房，内部放置各类杂物。房屋皆向院内开设门窗，门设帘架，冬天门上挂有夹板的棉帘，以防风吹。四合院内地面青砖墁地，连接各处房门，房前有廊，以避风雨。中心庭院为全院核心，院内多植栽花木，陈设盆栽，点缀湖石。四合院布局严谨，院落宽敞，封闭性强，有防火防盗的特点。平面多为南北纵轴线对称布置，方位坐北朝南，南北长、东西狭，院门则开在南面东侧。前院进深较浅，后院为居住房。北京四合院大门外常见的影壁是一字形，一面独立高墙体，顶部清水脊，上盖筒瓦屋顶。官宦人家正对着大门外常设影壁，用来遮挡对面杂乱的建筑物，避免由外直观内院。

内城金鱼胡同西口的王府井大街和东安门大街是商业繁华地区，各种店铺（茶馆、酒楼、面馆）鳞次栉比分列于大街两侧。东单牌楼、东安门周边是北京内城铺户主要分布区，清朝初期原规定八旗居址禁设商业区，到了乾隆时期禁令渐松弛，沿着东安门一带商铺不断增加，此条路线正处于进入皇城出入口，与宫廷内府采购之需求互相呼应，因而逐渐形成一条商业街道。东西向贯穿的大街两旁布满门户朝向南北、进深很浅的连排铺面房。繁华街道上酒馆、饭庄比肩排列，北方封闭门式的店铺为招徕顾客，多重视门面装修，门前都装有雕刻繁复的花罩和幌子。京城店铺素讲局面，雕红刻翠，锦窗绣户，招牌至有高三丈。尤其在东西四牌楼及正阳门大栅栏，尤为卓越。店铺不论规模大小，通常大多经营单一商品。门面大致为门前石条台阶，花棂窗，檐下悬挂招幌的装饰物，显示各种行业名号、商品内容与特色。店铺临街一面接出一层平顶廊或平顶屋，称为拍子，其上多施趟字锦及其他花纹雕刻，檐部不作滴水瓦檐而代以挂檐板封护，上部立朝天栏杆，有增高店面和装饰美化作用。另一种为牌楼式，在铺面前架起高大的冲天式牌楼，间数与铺面相同，但只作半间，中柱与边柱都高耸冲天，以吸引远处行人的注目。店面华板和挂檐板下方，悬挂横匾，其上方书写店铺名号或宣传文字。另外，从挂檐板、朝天栏杆、牌楼柱等部位伸出龙形广挑头方木，并悬挂各式幌子。

店铺招牌幌子多为木板制成，大致有形象幌与文字幌。形象幌譬如切面铺馆，门外悬挂的幌子是用藤圈外糊金银纸，木板下端系红色纸穗的流苏，表示面条，而箩圈象征筛面粉的工具。以面食为主的饭店招幌一般挂一只或双幌，大饭庄则用双幌或四幌，装饰更精美。用酒罐或酒葫芦则是酒店。这些招牌幌子都属于京城商业街市的重要装饰物。清代商业街的店家为了壮门面，门首上有过檐高的冲天招牌，即在牌楼或门面前的侧柱上竖立一对高大直耸的字牌，上面书写着一长串宣传字句，标明所经营的商品与服务项目。京城市井之上，鳞次栉比的店铺、招幌蔽天的景象、熙熙嚷嚷的人群，构成一幅丰富的京城市井风情图。集市、街衢的场面和各行各业手艺人的情形，浓厚的市井气息跃然于目。

帝京这座历史悠久的都城，内九外七皇城四，处处是门。那一条条整齐洁净的大街小巷，那一座座富丽典雅、古色古香的传统建筑，那纵横交错、招幌比邻、人情洋溢的商业街，无一不充满活力，无一不令人神往，无一不令人流连怀念，津津乐道。

紫禁城、三海、景山、钟鼓楼鸟瞰，1945年

从景山北望地安门、钟鼓楼，20世纪20年代

紫禁城筒子河外黄包车，20世纪30–40年代

天安门，20世纪初

天安门前金水桥，20世纪初

正阳门城楼、闸楼，20世纪初

正阳门箭楼，20世纪初

正阳门大街，1901年

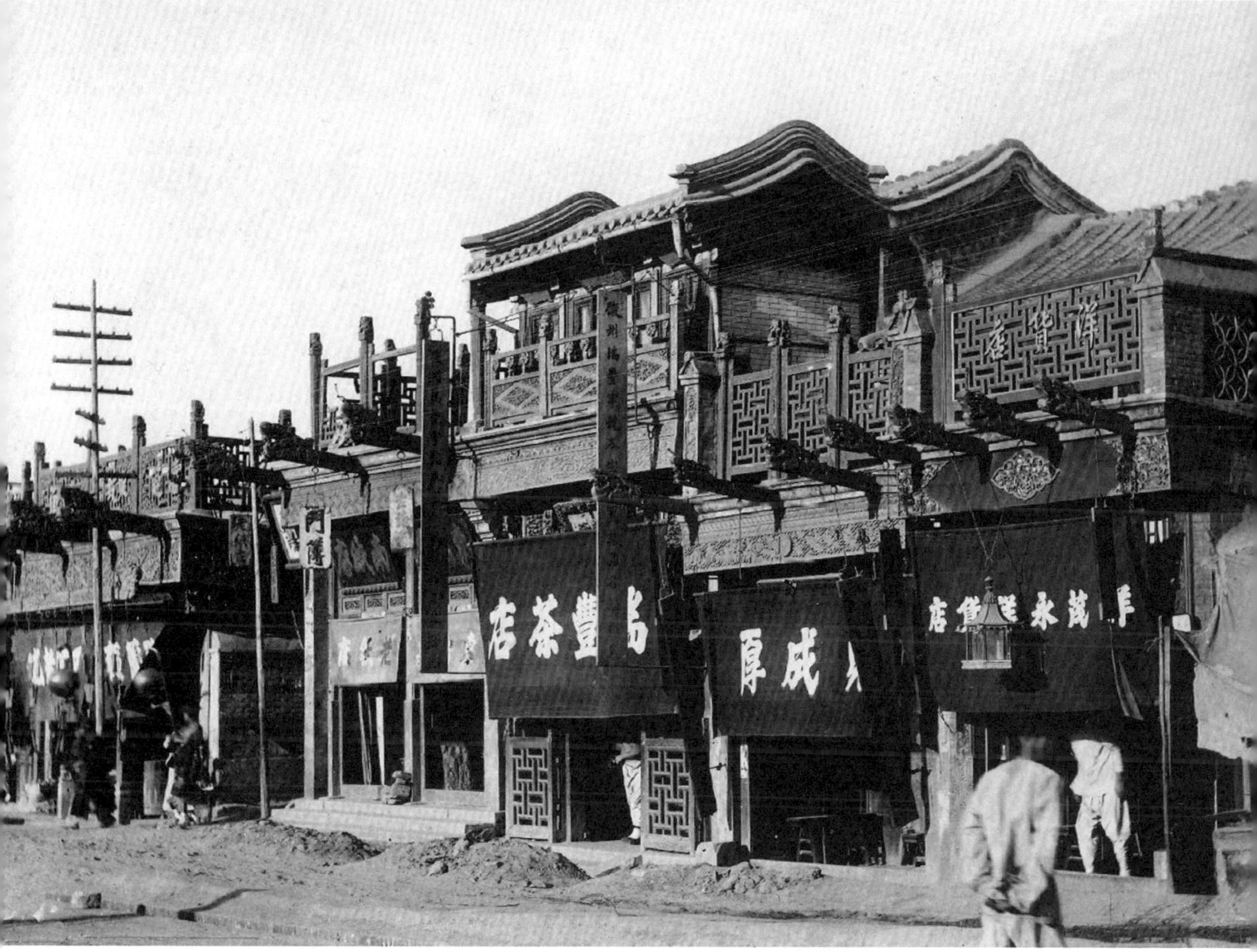

正阳门大街店铺，20世纪初

城楼下小憩，20世纪初

崇文门城楼，1900年

崇文门内大街，1868年

改建后的东安门，20世纪初

城门前景致，20世纪初

城门前马车，20世纪初

城门洞景致，20世纪初

正阳门箭楼,1900年

东交民巷，1900年

阜城门内鸟瞰，1945年

崇文门城楼，20世纪初

崇文门外大街，20世纪初

崇文门望京城铁路，20世纪20年代

宣武门箭楼，20世纪初

东单牌楼，20世纪20年代

东四大街牌楼，20世纪初

东四大街牌楼，20世纪30—40年代

西四大街牌楼，20世纪初

西四大街牌楼，20世纪初

瑞增祥绸缎庄，20世纪初

千芝堂药房，20世纪初

瑞丰号茶店，20世纪初

瑞丰号茶店，20世纪初

京城商铺，1868年

京城客栈，20世纪初

京城饭馆，20世纪初

历代帝王庙前，20世纪初

阜成门内店铺，20世纪初

阜成门内店铺，20世纪初

京城街景，1906年

京城街景，1906年

京城街景，20世纪初

京城街景，1900年

京城街景，20世纪初

内城东南角楼，20世纪20年代

东便门外，20世纪初

内城某城门箭楼，20世纪初

东便门外大通桥，20世纪初

朝阳门外护城河，20世纪初

钟楼，1901年

鼓楼前的驼队，20世纪

街道中的水坑，20世纪初

内城河道（南玉河），20世纪初

正阳门东水关，1900年

东岳庙前牌楼，20世纪初

通州燃灯塔，1860年

居庸关云台，19世纪末

居庸关云台，20世纪初

居庸关关沟，1868年

京郊某关口，19世纪末

京郊某关口，20世纪初

第四章　敕建庙宇

在金碧辉煌的紫禁城里，遍布着大大小小数十处佛堂。在那里端坐着被帝后们供奉的各路尊神。所谓“国之大事，在祀与戎”于是焚香膜拜也就成为帝后们生活的重要内容。为了皇运长久，江山永固，明清两代皇帝不仅在紫禁城内兴建佛堂，他们在帝京的各个角落，还敕建了许多坛、庙、宫、观、寺、院、庵、堂、祠、塔等。

数目庞大，是北京庙宇最显著的特点。而这又源于我们先人对修建庙宇的高涨热情。自古以来，中国就是个多神崇拜的国家。在我们远古的先人看来，日月星辰、山川河渎、雨雪雷电、蛇狐草木，前代的圣贤、辞世的亲人……总之，世间一切客观存在的实体和自然现象，以及人们主观意识里不死的魂灵，无不具有神奇的灵异，这便是由天上、人间、地下三个层面构成的属于原始崇拜系列的各路神祇。除此之外，还有后来中国土生土长的大到三清四御，小到城隍土地的道教诸神仙，以及佛教东渐后出现的众多的佛、菩萨、天王、力士、祖师、罗汉等外来诸神灵。大大小小的神祇多得不可胜数。而这些数也数不清的各路神祇，既然已被人们奉为神明，当然都要有自己的殿堂公廨，以便在各自管辖的范围内来行使自己的职权。于是，各种坛、庙、观、宫、寺、院、庵、堂、祠、塔等众神殿，便如雨后春笋般破土而出。据清康熙六年（1667）礼部统计，全国共有寺庙79622处，这还不包括当时被官方称为“淫祠”的民间众多的神庙，神州庙宇之多，于此可见一斑。

明清时期北京到底有多少庙宇，恐怕没有人能说清楚。但作为有三千年建城史和八百六十年都城史的名城古都来说，北京庙宇之多，恐怕要居全国之冠了。据记载，明代北京共有寺院千余所，而清代更是有增无减。据乾隆二十三年（1758）刊行的《帝京岁时纪胜》讲，当时京城内外“庙宇不下千百”。清代绘制的《乾隆京城全图》上标有胡同1400余条，而寺庙竟达1300余座，几乎每条胡同里都有寺庙，可见当时寺庙之盛。民国年间出版的《北京庙宇通检》一书，著录庙宇840多处，这还只限于城内及近郊，如把远郊区县也算在内，少说也在1000处以上。明清两朝仅关帝庙，北京就有100多处。

在这众多的庙宇中，既有皇帝敕建的，也有臣民信徒舍宅为寺或捐资修建的；既有千年古刹后经历代重修、改建、扩建保存下来的，也有虽在历史上名气很大、香火很盛，但后来改作他用或荡然无存的；既有原始神祠、道教宫观、佛教、喇嘛教寺庙，也有伊斯兰教清真寺和天主教教堂等。北京庙宇数目庞大、种类齐全、沿革多变、情况复杂，很难捋出个明晰的脉络。

老北京有所谓“内八刹”、“外八刹”、“三山”之说，指的都是当时京城内外最著名的佛教寺庙。“内八刹”为柏林寺、嘉兴寺、广济寺、法源寺、龙泉寺、贤良寺、广化寺、拈花寺。“外八刹”指觉生寺、广通寺、万寿寺、善果寺、南观音寺、海慧寺、天宁寺、圆广寺。而潭柘寺、西域寺、戒台寺则称为“三山”。老北京还有“九门十个庙”的说法，指的是内城九座城门的月城内，各有一座关帝庙，只有正阳门月城内多了座观音大士庙。老北京还有“九坛八庙”之说，指的是封建帝王出于“敬天、法祖、勤政、亲贤”而倡立和亲祀的所谓官方神祠。“九坛”为今人熟知的天坛、地坛、日坛、月坛、先农坛、社稷坛等，“八庙”则指太庙、奉先殿、传心殿、寿皇殿、雍和宫、堂子、历代帝王庙和文庙。明清时期，北京著名的道观有大高玄殿、大光明殿、白云观、东岳庙、都城隍庙、都土地庙、朝天宫、蟠桃宫、碧霞元君庙、真武庙、玉皇阁、吕祖庙、灶君庙、火神庙、龙王庙、药王庙等。著名的喇嘛庙则有雍和宫、西黄寺、妙应寺、万寿寺、宗镜大昭之庙等。仅清前期，在北京由朝廷修建、改建的属于理藩院管辖的喇嘛庙就有30多座。明清时期，北京著名的清真寺和天主教堂各有四座，即牛街礼拜寺、东四清真寺、安定门清真寺、锦什坊清真寺和东、西、南、北堂。除此之外，位于石景山的西山八大处，位于房山的上方山，位于门头沟的妙峰山、百花山，和海淀的香山一带，当时更是寺观林立，相望不断，今虽大多废毁，但仍有不少遗迹可寻。

历代帝王庙位于西城阜成门内，是明清两代祭祀三皇五帝及历代帝王之所。自汉代开始，祭祀先代帝王，一般是由所在州郡立祠祭祀。明洪武六年（1373），明太祖朱元璋命仿太庙之制，在南京钦天山之南建历代帝王庙，祭祀三皇五帝及汉、唐、宋、元创业之君，并选择历代名臣37人从祀。传说庙成之后，明太祖至庙亲祭，见元世祖像面有泪痕。便笑曰："你失天下，失去的不过是本不该属于你的地方；我得天下，得的是本来就该属于我的中原大地，你又有什么可遗憾的呢？"言罢，世祖像遂止泪。明成祖迁都北京后，"诸祀毕举，惟帝王无庙"，当时祭祀先代帝王的典礼仍在南京举行。嘉靖九年（1530），嘉靖皇帝命工部在北京择地建帝王庙，因位于阜成门内的保安寺故址"地势整洁"，遂于此地建庙。第二年庙成，嘉靖帝亲往致祭，并指定今后每年春秋两次致祭，遣大臣一员、从臣四员前往祭奠。

清代初年，重新钦定享祀帝王，旧祀帝王增至167人，从祀功臣增至79人，上自三皇五帝，下至明代。历朝帝王名臣，均增入祀典，只有无道被杀亡国之君不祀。雍正七年（1729）重修帝王庙，雍正皇帝亲往致祭，并御制碑文建亭树碑留庙。乾隆二十九年（1764），大修帝王庙，将主殿景德崇圣殿的绿琉璃瓦顶改作黄琉璃瓦顶，也建亭树碑留庙。今二碑及碑亭仍矗立在大殿两侧。民国以后，祀典遂废，帝王庙改作他用，多有损毁。

东岳庙位于朝阳门外路北，是道教正一派在北方的第一大道观。建于元延祐六年（1319），是由教派创始人张道陵，俗称张天师第三十八代后裔张留孙筹资兴建的。但工程刚开始，张留孙即“羽化成仙”。其弟子吴全节继承师志继续修建，于元至治三年（1323）竣工，赐名东岳仁圣宫。元泰定二年（1325），鲁国大长公主出巨资于宫后建帝妃寝宫，天历元年（1328）落成，赐名昭德殿。明正统十二年（1447）英宗命于原地扩建，人殿名岱岳，奉东岳泰山之神；后殿名育德，为东岳大帝的寝宫。后楼之上，正中为玉皇阁，楼下为东岳大帝女儿碧霞元君殿。清康熙三十七年（1698）毁于火，皇帝出资于三十九年（1700）重修，四十一年（1702）完工。重修后的东岳庙由正院、东院、西院三部分组成。

道光年间，东岳庙第十七代道士马官麟又对东、西两院进行扩建。朝阳门外的神路街，就是因东岳大帝出入东岳庙必经此路而得名。今东岳庙占地近百亩，有殿宇600多间，虽为清代遗构，但中轴建筑的格局及庑殿斗栱和替木仍保留着元代建筑的形制和特点。

东岳庙正院建筑主要有山门、戟门（又称瞻岱门、龙虎门）、岱宗宝殿（即仁圣宫）、育德殿、玉皇殿。戟门内东西两侧庑殿为地狱七十二司（实为七十六司，八十四神）。再往北，左有广嗣殿、太子殿，右有阜财殿、太子殿。岱宗宝殿为东岳庙的正殿，主祀东岳大帝，相传他是泰山之神，司人间生、死、善、恶、贫贱、富贵、疾苦，总管72司，其左右耳房有三茅真君祠堂、吴全节祠堂、张留孙祠堂、山府君祠堂、蒿里丈人祠堂等。再往后最北端为两层巡楼，这里有娘娘殿、斗母殿、大仙爷殿、关帝殿、灶君殿、文昌帝君殿、喜神殿、灵官殿、真武殿等。庙内除供奉东岳大帝外，还有神像三千多尊，形态生动逼真。楼下有三间御座房，是专供清末皇帝来庙祭奠或往东陵祭祖时路经休息用的。

东院有伏魔大帝殿、江东殿、丫髻山九位娘娘殿等。东院的大部是奇花异果纷呈、回廊怪石点布的花园，清末慈禧太后、光绪皇帝曾来这里祭祀。由于泰山神位显赫，职掌又与人的命运相关，所以历来受到人们的广泛崇拜，庙祀很多，香火极盛。

雍和宫位于北京内城东北部。是清朝的第三代帝王胤禛为皇子时的官邸，因胤禛在康熙四十八年（1709）被加封为和硕雍亲王，故称雍亲王府，康熙六十一年（1722）玄烨崩，胤禛继位，改年号雍正，把这座王府改为“行宫”。雍正十三年（1735）胤禛崩。弘历继位，于乾隆九年（1744） 把这里改为喇嘛教黄教寺院。

雍和宫初建于康熙三十三年（1694），占地约66000平方米。雍和宫南端有宽阔的广场，东西两侧有两座黄琉璃瓦顶、描金彩绘的牌楼。雍和宫中路建筑，主要由五进大殿组成，昭泰门是第一进大门，门后有天王殿，天王殿之后即为大雄宝殿，殿中供奉着三尊铜质鎏金佛像，名“三世佛”。永佑殿位于雍和宫之北，原是雍正皇帝的卧室兼书房。殿中有三尊木质贴金佛像，即无量寿佛、狮吼佛、药师佛。永佑殿之后是寺院中的第四座大殿，名为法轮殿，是本寺众僧作法事、诵经之地。最后一座大殿名为万福阁，内有一尊高18米，埋入地下有8米深的弥勒佛，这尊佛像是用一棵完好的白檀雕成的，是乾隆十五年（1750）西藏宗教领袖七世达赖，由西藏运至北京，奉献给清朝乾隆皇帝的，佛像雕制了三年时间。万福阁结构严谨，左右矗立着两座外观相同的配楼。东曰永康阁，西曰延绥阁，其间有飞廊阁道相连，使三阁浑然一体，宛若天上宫阙。雍和宫是喇嘛黄教建立在内地最大的，也是目前保存最完整的寺院。雍和宫便成为清政府管理全国喇嘛教事务的中心，外地许多重要寺庙的主持喇嘛，都要在雍和宫抽签选定。

清末光绪年间主管全国教务的喇嘛印务处，也设在宫内东花园，庙中喇嘛最多时达500多人。有殿堂、僧舍等房屋1200余间，是一组巍峨宏丽的古建筑群，其主体建筑以汉风为主，又巧妙地吸收融合了蒙、藏等民族建筑的装饰特点，形成独树一帜的艺术风格，金碧辉煌，瑰丽璀璨。

妙应寺位于阜成门内路北，是元代以来京城内重要的皇家喇嘛教寺院，寺内白塔是我国现存最早、最大的藏式佛塔，寺因塔而闻名，所以民间俗称为白塔寺。白塔寺始建于元代至元八年（1271），是西藏传入内地的第一座藏式佛塔。元朝开国皇帝忽必烈为这座白塔亲选塔址，并令尼泊尔建筑家阿尼哥主持建造。塔用八年时间完成，忽必烈又命以塔为中心，向四方各射一箭，划定界址，修建了这座面积约16万平方米的大寺院。时值皇帝万寿，而取名“大圣寿万安寺”，建有“一如内廷之制”的众多殿堂。这里是元朝皇室在京城进行佛事活动的中心，朝廷规定每年各重大节日举行的盛大朝仪，先三日在此寺内习仪。

元朝是中国历史上一个以武功开国的统一的多民族的封建国家，其开国皇帝元世祖忽必烈是一位颇具政治眼光且文韬武略兼备的封建君主，为了加强各民族的向心力以巩固自己的统治，他采用“以儒治国，以佛治心”的国策，把喇嘛教定为国教，并发愿在都城内营造大型藏式佛塔，为此，他亲自察看选定塔址，并委派具有杰出建筑和绘塑才能并入仕元朝的尼泊尔著名工艺家阿尼哥主持大塔的设计和建造工作。自至元八年（1271）动工，到至元十六年竣工，历时八年。阿尼哥主持修建的这座白塔，融合了中尼佛塔建筑艺术，既适应了宗教活动的要求，又达到了“壮观王城”的作用。当这座“塔制如幢，色白如银”的白塔凌空而起时，京城为之生辉，“金城玉塔”之说，盛传一时，恰如元代碑文所言“非巨丽，无以显尊严；非雄壮，无以威天下”、“制度之巧，古今罕有！”忽必烈临观大喜，重赏阿尼哥。元代，这里香火鼎盛近百年，成为当时皇家佛事活动的一个中心，也是我国最早译印蒙文佛经的场所、当时朝廷还规定，每年举行重要的朝仪，事先要在万安寺进行预习。忽必烈死后，在白塔西侧建造了供奉其遗像的影堂“神御殿”，每月遣大臣致祭。第二年在寺内举行“国忌日”活动，参加僧众达七万人。万安寺在元大都的宗教、政治、文化史上，均有很重要的地位。

元末至正二十八年（1368），特大雷火焚毁了寺内所有殿堂，只有白塔幸免于难。此后寺庙荒芜了近九十年，直到明天顺元年（1457）才得以重修，重修后改名“妙应寺”至今。重修后的妙应寺面积仅1.3万平方米，不及万安寺的十分之一，只相当原白塔以南中间的一条狭长地带。其后明清两代屡有修缮，其格局基本保留至今。

塔院位于妙应寺最北端，兀然耸立的白塔通高51米，直入云天，比北海白塔还高出15米。塔基面积为1422平方米。白塔的形制源于古印度的窣堵婆式。中统元年（1260），由尼泊尔工艺家阿尼哥首传西藏，后传入元大都。白塔由塔座、塔身、相轮、华盖和塔刹五部分组成，造型端庄，体制宏伟，气势雄浑，工艺考究，不愧为北京之最、中国之最。它是闻名于世的元大都保留下来的显著标志，元明清三朝都曾对白塔修缮。

清中期后，由于寺内僧众将大部分庙产出租，遂逐渐演变成闻名京城的白塔寺庙会。逢年过节，寺内两侧排满货店摊档，庭院搭起戏棚，各种民间什物、节令时鲜、风味小吃、娱乐伎艺应有尽有，人群熙攘，热闹非凡。

京城安定门内成贤街路北，有一座金碧辉煌、高大庄重的古建筑，它就是有名的国子监。国子监是根据“左庙右学”的封建礼制设计建造的。元代定都北京后，于至元二十四年（1287），开始设立国子学。成宗大德十年（1306）孔庙建成。

国子监是我国封建时代中央政权培养人才的最高学府。历朝历代都非常重视政府办学。现在孔庙的碑亭里，立有一块明正统九年《御制新建太学之碑》。国子监中还保存一块清顺治元年（1644）《御制晓示生员碑》，内中也明确提出“朝廷建立学校，选取生员”是“要养成贤才，以供朝廷之用”。因此，把国子监所在的街命名为“成贤街”，大门称之为集贤门，即取国子监是造就“贤人”，集“贤”于其中之意。元明清以来的国子监，不仅是国内俊才荟萃之处，同时也接待着外国洋学生，这对于民族文化的发扬以及中外文化交流，也起了一定的作用。

国子监占地百余亩，房舍数百间。国子监大门外东西两侧，各立精巧别致的牌楼一座，横额上各刻有“国子监”、“成贤街”三字。国子监大门为三开间，均朱漆彩绘，门额上高高悬挂“集贤门”三字竖匾。集贤门之北为太学门，其上竖额“太学门”三字。太学门内矗立一座高大秀丽的砖石结构的琉璃坊，圆形券门三座，庑殿式坊顶，配以黄色琉璃瓦，四脊分列各种琉璃瓦走兽，走兽各个精工细作，形态生动，坊壁雕飞舞盘龙，雕工精致、体态威严。坊前后各有一副匾额，南面为“圜桥教泽”，北面为“学海节观”。整个建筑显得精美秀丽，具有高度的艺术性。坊后左右各有碑亭一座，碑皆用满汉文两面刻，一为“国学新建辟雍圜水工成碑记”；一为“三老五更说”。坊北即为辟雍。

辟雍是国子监的主要建筑之一，建于乾隆四十九年（1784），整个建筑华美壮观，造型别致。辟雍是一座正方形殿宇，四角攒尖顶，重檐黄瓦，四面开门，外面周廊环绕。辟雍之外又被圆形水池围绕，是谓“圜水”。水池四周用洁白的双层汉白玉栏杆围护，栏杆花纹精雕细刻。圜水四面架起石桥，通向辟雍四门。池岸四面又有雕刻精美的四个喷水龙头，由太学门外东西井和六堂后檐外东西井暗沟分别引来的水，通过喷水龙头缓缓流入水池。

辟雍是封建皇帝来国子监讲学的地方。每年在举行祭孔活动时，皇帝都要亲至国子监“视学”，即所谓“临雍”。临雍照列是与尊孔结合进行的。由皇帝带领官员和国子监师生，先到孔庙祭祀先师孔夫子，并特召“圣裔”来京祭祀，然后才到国子监视学。视学时，皇帝就在辟雍向全体师生宣讲孔孟之道，以示对师生的关怀和对办学育才的重视。

辟雍北面是“彝伦堂”，原为元代崇文阁旧址，是国子监藏书的地方，明永乐年间重建时始改现名。辟雍建成之前，皇帝的临雍大典便在这里举行。堂东面有典簿厅，南面有绳愆厅，堂西面为典籍厅，稍南为博士厅，每厅都是三间。辟雍两侧有房三十三间，即所谓“六堂”。东为率性、诚心、崇志三堂，西为修道、正义、广业三堂。彝伦堂后是明嘉靖七年（1528）修建的敬一亭院，它清雅幽静，别成院落。

柏林寺作为京师八大寺庙之一，在旧时的北京名气很大。这固然与其历史悠久并与雍和宫毗邻有关，正如乾隆皇帝所言：“京师名刹不胜记，而柏林寺以附近雍和宫特著。”柏林寺始建于元至正七年（1347），明正统十二年（1447）重建。清康熙五十二年（1713），为庆贺康熙皇帝六十大寿，由雍亲王（即后来的雍正皇帝）主持对柏林寺进行了一次大规模的整修。整修后，康熙皇帝题“万古柏林”巨幅横匾，悬于大雄宝殿正中檐下。乾隆二十三年（1758），又一次拨巨款重修。

柏林寺坐北朝南，共五进殿宇，全部建筑在高大的砖石台基上，气势雄伟壮观。中轴线上由南而北依次为山门、天王殿、圆俱行觉殿、大雄宝殿和维摩阁。大雄宝殿为全寺的主体建筑，殿内供有明代塑造的三世佛和七尊木质金漆佛像，造型生动，栩栩如生。东配殿内存有康熙四十六年（1707）铸造的交龙钮大铜钟，高约2.6米，钟身遍刻经文，雕工极其精致。维摩阁为最后一进殿宇，自成院落，阁东西两侧建有翼楼。院内植有数株松柏，高大挺拔，枝繁叶茂，使这里愈发显得清幽、静谧。

柏林寺存有堪称绝品的我国唯一一套龙藏经版。龙藏又称清藏，是自清雍正十一年（1733）至乾隆三年（1738），用六年时间刊刻出版的一套佛学大丛书，全书共计7167卷，内容极其丰富，是佛学译著的集大成之作，其印经的经版共计79036块（今存78230块），全部用上好的梨木雕刻，刀法洗炼，字体浑厚，端庄秀丽。由于印刷量极少，经版几无磨损，至今完整如新，是极珍贵的历史文物。

老北京还传说过这样一件事：一天夜里，柏林寺山门已关，忽然有个寺僧发现从墙外跳进五个黑大汉，到处寻找却不见人影。第二天一早，僧人发现有五口大铁锅摆在当院，聪明的僧人恍然大悟：这是佛祖要他们以慈悲为怀，做善事。于是柏林寺便开设粥厂，施舍穷人。

五塔寺原名真觉寺，位于西直门外高梁河北岸，为明清两代的皇家喇嘛教寺院，始建于明永乐年间（1403–1424）。其时，印度高僧迪班来到北京，向永乐皇帝进贡五尊金佛和金刚宝塔的模型，永乐皇帝在紫禁城内武英殿召见了他，封他为大国师，赐予金印，并专为他建造了这座寺院。明成化九年（1473），按照迪班带来的模型，“敕建金刚宝座塔”竣工。因金刚宝座塔的形制是在同一个高台上建有五座小塔，因此真觉寺便被俗称为五塔寺。其形式是在一个平台上分建五座小塔。五塔所表示的是佛经中的东、西、南、北、中五方佛主。宝塔南北辟有两个大券门，南门上方有一块成化九年御制匾，上书“敕建金刚宝座”。整个宝座部分高7.7米，长18.6米、高15.7米，出罩亭可见五塔，一大塔安居中央，十三层，高8米，其他四塔各据四角，皆十一层，高7米，都是四角密檐式塔。金刚宝座石雕五方佛造像共计一千五百六十一尊。塔堪称为明代建筑和石雕艺术的典范。

清乾隆十六年（1751）、二十六年（1761），乾隆皇帝为给其母亲祝六十、七十大寿，曾两次大修真觉寺，并为避其父雍正皇帝胤禛的名讳而改名大正觉寺，这也是真觉寺的鼎盛时期。当时，寺院中轴线上有牌楼、山门、天王殿、大雄宝殿、金刚宝座、毗卢殿，东西分列钟鼓楼、廊庑配殿等200余间寺舍，曾是一处颇具规模的皇家寺院。清末，一场大火，所有殿宇均荡然无存，只有这座砖石结构的金刚宝座塔幸免于难，孤零零地立于一片瓦砾之中。而正是这座劫后余生的五塔寺塔，成为我国现存为数不多的同类型塔中（如北京西黄寺清净化城塔、碧云寺金刚宝座塔、云南妙堪寺兰若塔、内蒙古呼和浩特市慈灯寺金刚宝座舍利宝塔等）时代最早、造型最精美的一座，艺术价值极高。

该塔为内砖外石结构，下部是须弥座式石台基，台基外表周匝刻有梵文、佛像、法器等纹饰。台基上面为金刚宝座的座身，座身周匝全是佛龛，每龛内雕坐佛一尊，佛龛之间用雕有花瓶纹饰的石柱相隔。宝座的南北各有券门一座，通入塔室。拱形券面上刻有金翅鸟、狮、象、孔雀、飞羊等图饰。南面券门上方嵌“敕建金刚宝座”成化九年石匾额。塔室中央有一方形塔柱，柱四面各有神龛一座，龛内佛像早已不存。通往塔室的过室两侧，各有盘旋而上的石阶梯，通向宝座顶上的琉璃罩亭内。出罩亭的南北券门，便到了宝座顶部的平台，平台四周都绕以石护栏。琉璃罩亭的北面，就是五座密檐式方形小石塔。中央的一塔较高，为十三层，顶部是铜制的覆钵式塔刹，传说印度高僧进贡的五尊金佛就藏在这座塔中。四角的小塔较矮，有十一层，塔刹为石制。五座小塔的塔座和第一层塔身上遍刻金翅鸟、狮、象、马、飞羊、孔雀、菩提树等纹饰，中央小塔塔座南面正中还刻有佛足一双，表示他的足迹遍天下，旁边还刻有莲花、八宝等佛教纹饰。整座金刚宝座塔，不仅是一座造型优美的建筑物，而且是一件巨大的石雕艺术品。

卧佛寺位于海淀香山寿安山南麓，为京西一著名千年古刹。该寺始建于唐贞观年间（627–649），初名兜率寺，后屡易名为昭孝寺、洪庆寺、永安寺、寿安禅林、十方普觉寺等，因寺中有一尊堪称国宝的巨型元代铜卧佛，名满海内，故人们俗称其为“卧佛寺”。

卧佛寺在唐代初创时，只有中部山门殿至卧佛殿这一部分，规模还不及现存之大。元代自英宗起，连续四朝皇帝对卧佛寺进行了大规模的扩建。工程历时十年，耗银500万两。仅铸造铜卧佛，就“用工七千，冶铜五十万斤”，可见其工程之大，耗费之巨。

明代又对该寺进行过五次重修。第一次是宣德、正统年间，由高僧广霖集资重修。第二次是正统八年（1443）由明英宗发内帑鼎新修建，赐名寿安禅林，并颁《大藏经》一部置诸佛殿。第三次是成化十八年（1482）明宪宗敕命于寺前修起了一座高6丈9尺的如来舍利宝塔，并于塔下构筑左右二殿。宪宗云其塔：“蟠固峻峙，巍峨山立，而神光华灯，昕夕露现，屹望于数百里外，真福地之奇迹也。”然该塔清初即已不存。第四次是嘉靖三十五年（1556）重修。第五次是万历十四年（1586）神宗出内帑重修，又赐《大藏经》及锦被等物给寺。明代的英宗、宪宗、武宗、世宗、神宗等皇帝都曾临幸卧佛寺，神宗朱翊钧还去过两次，可见当时该寺之光显。

明末清初，卧佛寺曾经冷落了一段时间。清雍正年间，经怡亲王允祥及其子弘皎、弘晓两代人的施资葺治，卧佛寺重又复兴起来，即如雍正御制碑文所云：“于是琳宫梵宇，丹墀焕然，遂为西山兰若之冠”。这次修建虽规模很大，但明代建造的如来舍利宝塔却被拆掉了。重修后，命永觉禅师任住持，并敕改寺名为“十方普觉寺”。其后，乾隆四十八年（1783）又对该寺进行大规模扩建，寺西的行宫院和寺前华美富丽的琉璃牌坊，都是这次增建的，从而奠定了该寺今天的规模。

三世佛殿为该寺的正殿，面阔五间，进深三间，体量最大。殿外额曰：“双林邃境”，为雍正御笔；殿外楹联“翠竹黄花禅林空色相；宝幢珠络梵宇妙庄严”，为乾隆御题。殿内供三世佛、倒座观音并十八罗汉像。据说该殿内原有一尊唐代的檀香木雕卧佛像，于明末清初改朝换代时不知去向。又该殿两侧现各有古银杏树一棵，为建寺初期所植，距今已千年有余，大可数抱，高盈数丈，荫庇上百平方米。到了秋天，黄叶遍地，适成一景，故卧佛寺又有黄叶寺之别称。殿前还有古腊梅一株，历尽沧桑，每值隆冬，仍能傲立霜雪，开花吐艳，被称为古寺一绝。

卧佛殿为该寺的后殿，闻名遐迩的元代大卧佛即供奉于该殿。殿外额曰：“性月恒明”，两侧联云：“发菩提心印诸法如意；现寿者相度一切众生”，均为慈禧太后手书。殿内后檐正中恭悬乾隆皇帝御笔“得大自在”匾额，额下巨型须弥座石榻上，侧卧着一尊长5.3米，高1.6米，重约54吨的实心铜卧佛。卧佛头西面南，右臂曲肱托首，左臂平舒放在腿上，面相安祥，体态自如，铸造浑朴，充分显示了佛教艺术净化肃穆的内涵，为元代造像艺术中的杰作。卧佛身后环立着眉垂目低的十二圆觉菩萨像，表现的是释迦牟尼涅槃前，向弟子嘱托后事的情形。

雨花阁北面，1900年

紫禁城钦安殿，1922年

紫禁城钦安殿道教陈设，20世纪初

紫禁城梵宗楼，1900年

紫禁城内一佛堂内景，1900

每年二月初一，喇嘛带面具在宫中表演打鬼，20世纪初

紫禁城中正殿内供案，1900年

历代帝王庙，20世纪初

历代帝王庙钟楼，20世纪初

东岳庙琉璃牌楼，20世纪初

东岳庙山门望琉璃牌楼，20世纪初

东岳庙山门，20世纪初

院内石碑，20世纪初

东岳庙育德殿，20世纪初

东岳庙内关圣像，20世纪初

东岳庙内神像，20世纪初

香客，20世纪初

清末小喇嘛，20世纪初

雍和宫铜狮，20世纪初

雍和宫铜狮，20世纪初

雍和宫八角碑亭，20世纪初

雍和宫须弥山、石碑，20世纪初

雍和宫法轮殿，20世纪初

雍和宫万福阁弥勒大佛，20世纪初

雍和宫万福阁，20世纪初

雍和宫万福阁西配楼，20世纪初

雍和宫须弥山，20世纪初

雍和宫须弥山，20世纪初

雍和宫铜鼎炉，20世纪初

雍和宫佛堂，20世纪初

雍和宫大威德金刚像，20世纪初

雍和宫法会的喇嘛，20世纪初

雍和宫菩萨像，20世纪初

雍和宫法会，20世纪初

雍和宫法会的喇嘛，20世纪初

香客，20世纪初

白云观云集山房，20世纪初

白云观云集园，20世纪初

白云观道士，20世纪初

白云观道士，20世纪初

妙应寺鸟瞰，1945年

妙应寺，1901年

妙应寺，20世纪初

妙应寺白塔，1901年

国子监琉璃牌楼，20世纪初

孔庙碑亭，20世纪初

国子监街牌楼，1901年

国子监琉璃牌楼，1901年

从琉璃牌楼望国子监辟雍，20世纪初

国子监辟雍，20世纪初

孔庙大成殿内景，20世纪初

国子监辟雍旁圜水池，20世纪初

国子监彝伦堂，20世纪初

柏林寺山门，20世纪初

柏林寺大雄宝殿，20世纪初

柏林寺维摩阁，20世纪初

五塔寺，20世纪初

五塔寺，20世纪初

碧云寺，20世纪初

碧云寺罗汉堂内景，20世纪20年代

碧云寺罗汉堂内景，20世纪20年代

碧云寺僧人，20世纪初

潭柘寺山门，20世纪初

潭柘寺楞严坛，20世纪初

潭柘寺佛堂，20世纪初

戒台寺，20世纪初

戒台寺僧人，20世纪初

卧佛寺琉璃牌楼，19世纪末

卧佛寺琉璃牌楼，20世纪初

卧佛寺附近的清代旗营碉楼，20世纪20年代

卧佛寺卧佛，20世纪初

卧佛寺卧佛，20世纪初

卧佛寺罗汉像，20世纪初

正阳门瓮城关帝庙，20世纪初

正阳门瓮城关帝庙，20世纪初

第五章　御苑夏宫

历史悠久的中国园林，无论是帝王营造的皇家园林，还是官宦富豪兴建的私家园林，都刻意追求自然山水和园林建筑的统一，特别是自然美与艺术美融为一体的诗情画意。颐和园万寿山和昆明湖构成了园林的主体框架，是一座集自然景观和人文景观为一体的大型山水园林。利用自然而又超越自然，将人造景观与大自然和谐相融的御苑夏宫，是颐和园对中国风景园林艺术的杰出贡献。

以山水作为造园的框架，是中国古代园林的共性。颐和园的主体万寿山是西山的一支余脉，亿万年地壳运动造成的山态虽貌不惊人，但它处于北京西北部峰峦连绵的地带，附近泉水丰沛，湖泊罗布，形成远山近水彼此烘托的优美自然风景。园林撷取了得天独厚的地理条件，根据造园的总体要求，用挖湖的泥土填补了山体的不足。山的南坡平缓舒展，面对浩淼的湖面；山的北坡峰峦起伏，山脚下是一道曲折多姿的溪河。原始的山态，经过人为的创造性加工，将分散的自然，组织成为一个和谐的整体。

昆明湖是颐和园的主要组成部分，湖光山色，构成了园林中的绝妙美景。昆明湖由西山一带的清泉汇聚而成，约占全园四分之三面积的水域，是在天然湖泊的基础上经过自然变迁和历代整治，最后于清乾隆时开挖定型的。当时，昆明湖具有为京城供水、农田灌溉等水库的功能，但湖面堤岛、桥梁的分布，则是造园得景的艺术构思。园林的修建，不仅保留了这一带原有的山水田园风光，而且着意于表现更为典型的清雅娟秀的江南风情。这样既满足了乾隆皇帝钟爱南国景色的情结，又为建于北方的都城在雄伟中增添了几分妩媚。

颐和园西部数十里以外的西山群峰和玉泉山宝塔，从园内看去，一脉相承。起伏舒展的山脊，将浩瀚的天际与万寿山昆明湖嵌合得天衣无缝，形成朝晖暮霭，色彩斑斓的绚丽风景。园中三千多间金碧辉煌的古代建筑，从每一个单体到它们之间的组合，均被匠师们高度园林化，并因地制宜地结构在自然山水框架之中。万寿山高虽只有58米，山势平缓，但它在远处西山群峰和近处玉泉山的衬托下，气势非凡，秀色葱茏。颐和园的标志建筑——佛香阁，耸立在这片苍翠之中，起到了画龙点睛的作用。西山群峰和玉泉山塔影也都凝聚在以佛香阁为主体的画面之中。西堤一线的柳色，巧妙地遮挡了园林西部的园墙，扩展了园林西部的界线，山前的昆明湖又恰到好处地把这个画面全部倒映出来，展现出一幅江山如画的壮丽图卷。中国造园家津津乐道的造园手法——借景，在颐和园中得到了最好的运用和体现。园林以自然山水为框架，以佛香阁为造景主体，配以长堤、长桥、长廊等大尺度的建筑，在体量上大大超过以苏州园林为代表的江南私家园林，表现出至高无上的皇家气派。

颐和园承袭了中国历代皇家园林“皇权神圣”的主题，将“普天之下，莫非王土”的皇权观念，演化为“移天缩地在君怀”的规划立意。万寿山前后主要景区以寺庙建筑为中心构筑了规模宏大的中轴建筑群，前山的主体建筑佛香阁，与山脊上的琉璃佛殿智慧海突出于层层上升的宫殿建筑群之上，恰到好处地控制了万寿山前山和昆明湖整个风景区。宫殿的庄严与寺庙的神圣，烘托出神化的皇权和皇家的气势。山前浩淼的昆明湖水面布列南湖岛、藻鉴堂岛和治镜阁岛，三座小岛鼎立水中，象征中国古代道家传说的海上三座仙山：蓬莱、方丈、瀛洲，这是从汉代延续下来的皇家园林“一水三山”的造园格局。金碧辉煌的楼台殿阁与碧波辽阔的昆明湖相映生辉，营造出统治者刻意追求的神仙境地。后山中部是象征佛国世界的四大部洲。全园建筑构图严谨，气魄宏大，儒、释、道三教文化，倾注在充满诗情画意的湖光山色之中。

颐和园在保持北方园林传统风格的基础上也汲取了江南园林的造景手法，于精致典丽的宫廷色彩中溶入了江南文人园林的自然质朴和雅致清新。是中国现存皇家园林中唯一按照一个完整的构思、完整的总体规划，连续施工，一气呵成的皇家园林。它的建造以全国的人力、财力、物力和高度的知识、艺术水平为基础，由皇家的专门机构样式房承担工程设计。作为皇家重要的“钦工”，颐和园的规划设计从绘制地盘图开始。地盘图是一种按比例绘制的建筑平面图，图上贴有黄色纸条，标明建筑物的位置。然后，根据地盘图绘制出各种建筑物的立面图。立面图绘制的非常细致，连油漆彩画也表现得非常具体。在立面图的基础上，再绘制建筑物内部结构图，即大木图样。许多建筑物的细部也专有图纸，如外檐装修，窗户、隔扇的形式、纹样，内檐装修和各种门罩的形式、图案，室内空间的划分等。像谐趣园殿堂的内檐装修，最后的成图绘制非常精细，并用黄绫装裱成册，它本身就是一件可供欣赏的艺术品。设计师们完成各种图纸的绘制工作后，接着就是制作烫样。烫样是根据图纸按比例缩小了的模型。它和建成后的建筑完全一样，掀开烫样的顶部，可以看到内部的装修。

颐和园的一砖一瓦，一石一木，都浸透着古代工匠的心血。工程所用的木材，采自全国很多地方的深山老林；各种规格的沉浆砖，是山东临清的烧窑工匠们制造出来的；为了赶制佛香阁所需要的琉璃件，门头沟琉璃渠的工匠，昼夜不停地劳作了近三年之久；汉白玉和青白石料采自房山的大石窝。颐和园是以传统的建筑结构、传统的建筑材料、传统的工艺流程、传统的规划设计程序和传统的匠作组织所完成的最后一座皇家园林，在中国皇家造园史上竖起一座不朽的丰碑。

颐和园这座规模宏丽的皇家园林，也是统治中国48年的慈禧太后长期居住的地方，具有“宫”和“苑”的双重功能。园林总体布局依据使用要求划分为朝政区、居住区和苑景游览区。遵循清代皇家园林建筑先宫后苑的规制，颐和园的朝政区设立在正门东宫门处，从东至西依次迭进为涵虚牌楼、影壁、东宫门、仁寿门、仁寿殿，形成一条严谨规整的中轴线。朝政区，以临朝听政的仁寿殿为中心，两旁分列配殿、九卿房和内外朝房。与紫禁城不同，仁寿殿施以青砖灰瓦，庭院中山石耸立，松柏常青，两侧还建有多层的花台。宫殿虽仍保持庄严肃穆的特点，但庭院的布置已经园林化，显得宁静舒适。

慈禧太后、光绪皇帝和后妃的居住区，则追求理想的生活环境。建筑群以慈禧太后的寝宫乐寿堂为中心，用五六十间迂回曲折的游廊与皇帝、皇后的寝宫玉澜堂和宜芸馆串联成为三座大型四合院，既满足了生活的需求，又能恰当处理寝宫主人之间的关系。寝宫区濒临昆明湖，倚靠万寿山，东面连接翘角重檐的大戏楼，西面贯穿迂回蜿蜒的彩绘长廊。站在任何一处院落，都能眺望到万寿山上那重重的翠绿、层层的金碧；透过临湖的窗扇，能够欣赏到澄湖的浩淼、落日的余晖；院内重叠的假山，四季不谢的花木，皆显示出帝王之家的奢豪和生活的舒适。与仁寿殿和寝宫区相邻近的德和园，是现存最大的宫廷剧院，院内通高21米的三层大戏楼，在中国京剧艺术的形成发展过程中，曾起到不可磨灭的作用。

颐和园的宫、苑相接处，运用了中国园林“欲放先收”、“欲扬先抑”的造景手法，从而创造出最佳的视觉感受。穿过仁寿殿后堆叠的土山，眼前豁然开朗，呈现在面前的是色彩斑斓、高低错落的园林空间。万寿山山色如黛，昆明湖烟波浩淼，玉泉山峰塔耸立，湖光山色组成一园佳境。

颐和园总面积的十分之九由万寿山前山、昆明湖、后山和后溪河组成。万寿山的前山，面对浩淼的昆明湖水面，景观开阔。后山峰回路转，山脚下后溪河蜿蜒曲折，极为幽静。楼阁、长廊、殿堂、寺庙、小园林和点景建筑，因地制宜组合有序地分布在广阔的山水框架之中，既有皇家园林的恢宏，又充满了天然之趣，体现出中国园林“虽由人作，宛自天成”的造园追求和审美情趣。

万寿山前山中部以佛香阁为中心，从昆明湖岸边开始，经过云辉玉宇牌楼、排云门、金水桥、二宫门、排云殿、德辉殿、佛香阁、众香界、智慧海九座建筑，形成从水面到山顶层层上升的建筑中轴线。专供慈禧祝寿和举办庆典的排云殿及其四座配殿，展开于这条轴线的中部。高41米的佛香阁，八面三层四重檐，建于包山构筑的石砌台基上，为全园的构图中心和标志性建筑，也是中国古代楼阁建筑的杰出代表。阁东侧有转轮藏和高10米的“万寿山昆明湖”石碑；西侧有五方阁和用207吨铜铸造成的宝云阁铜殿；四周还有景福阁、千峰彩翠、意迟云在、福荫轩、写秋轩、邵窝殿、画中游、湖山真意等众多的亭台楼阁，供登临俯览昆明湖景色。

万寿山后山中部的四大部洲和香岩宗印之阁，原是一组仿西藏桑鸢寺修建的融藏、汉、梵式建筑为一体的寺庙建筑，规模宏大，雄丽壮观。后湖中段仿照江南临水街市建造的买卖街，鳞次栉比的排列着数十家店铺，典型的再现出苏州水街的市井民情。东麓山脚下的谐趣园，是仿照无锡惠山的寄畅园修建，在北方皇家园林中融入了江南园林的妩媚风情。从中国西部高原到江南水乡的人文景观和自然景观，被高度和谐的浓缩在同一景区中，反映了皇家园林移天缩地的造园技巧。

颐和园的宫苑建筑，成功地显示出皇家园林宏大的气势、辉煌的色彩及其与山水绿化环境的充分协调，并融合了诗书画的意境，是皇家园林的典范。

在紫禁城的西北，北海南门西侧有座砖砌城墙的圆形高台，俗称北海团城，是一处有八百余年历史的宫苑名胜。今天团城上还有一株年寿八百以上，被清朝乾隆皇帝封为“遮荫侯”的金代括子松。元代在此建了仪天殿，又称瀛洲圆殿，貌与现存天坛祈年殿相似，那时团城还是一个小岛，东西各有一木吊桥通兴圣宫和皇宫大内。明代拆毁了东西吊桥，填平桥下湖水，筑起了圆形城墙，改仪天殿为承光殿。清康熙二十九年（1690），重建承光殿，改明代圆殿为现今的样式，貌似紫禁城角楼，为古代建筑中少有的优美造型。那时，与团城一水之隔的玉熙宫已荒废，成了清宫的御马圈。

团城承光殿内供奉着一尊释迦牟尼玉佛，他才是团城的主人。这尊高1.6米，由一整块白玉石雕成的坐佛，洁白无瑕，光泽清润，佛体镶嵌宝石，珠光宝气耀人，她没有石雕佛像的庄严气氛，只有单纯的线和面。由于雕后打磨得光润无比，给人美丽、清新、圣洁的感觉，是极珍贵的文物。玉佛如何坐进承光殿？来自何处？它的左臂上还留有刀砍伤痕，这些都是瞻仰玉佛的人们的疑问。

传说，团城玉佛是光绪二十四年（1898）才有的。据说北京西郊海淀关帝庙内有位法号明宽的僧人，精通佛教典故，他在光绪十八至十九年与来北京游历的粤僧智然和弥勒院住持惠通三人结伴到安南、缅甸、暹罗各地，寻访佛家事迹。明宽以大清国僧人的身份去南洋游历时，多吹嘘中国西太后嗜佛，在缅甸募化得大、小玉佛各一尊，后由新加坡启运到京城。明宽还有一位好友灵辉，是西直门内伏魔庵住持，当时清宫太监多为灵辉弟子，故明宽又结识太监多人。大玉佛由此进呈西太后供于承光殿内，其时在光绪二十四年（1898）。小玉佛——卧佛，长二尺一寸，供于伏魔庵，改庵名为玉佛寺。光绪末年，小玉佛被灵辉售给北京富户“路三爷”，宣统二年（1910），玉佛寺又被灵辉出卖，改为尼僧庙，虽名玉佛寺，实已无奉玉佛了。光绪二十六年（1900），八国联军攻入北京，侵略军击毁团城西门衍祥门，砍伤承光殿玉佛左臂。

元世祖忽必烈建大都城，用攻取云南、四川时获得的渎山（岷山）玉，琢成一口大酒瓮，名为“渎山大玉海”；又用各地珠宝玉石做成一架卧床，名为“五山珍御榻”，都放置在广寒殿中。元亡后，渎山大玉海在原处未动，明万历时被移往紫禁城西华门外南长街御用监院内，至清代，御用监废弃，变成了真武庙。乾隆时，发现真武庙中的玉瓮已被道士们作了酱缸，乾隆帝命以百金购回，将其放置在团城承光殿前，并为它专门盖了一座琉璃亭子。

在香山南麓的一片桃林丛中，还有一座十分醒目的小城池，城上建有两座南北对峙的绿琉璃瓦城楼，这就是著名的团城演武厅，是北京又一座保存完整的城池式建筑。

团城高十余米，灰城砖砌成，有南北二座拱券城门。整座城池呈椭圆形。团城下面的北券门外有座汉白玉石桥。券门上方嵌有石门匾“志喻金汤”，南券门上的门匾为“威宣壁垒”。城楼面阔五间。城内东西向有马道直通城墙之上。团城南面为演武厅，坐北朝南，为五间敞厅式建筑，绿琉璃瓦黄剪边，带有抱厦，前面为一宽大月台。团城的西南，矗立有一座高大的石砌碉楼大约十余米高，是指挥练兵的发令台。

团城的建造与清乾隆年间平定金川战事，以及组建健锐云梯营有关。清朝统治者为了建立对西南少数民族的直接统治，极力推行“改土归流”的政策，也就是由官府直接委任官员代替当地的土官管理事务。乾隆十一年（1746）清政府借口金川土司莎罗奔郎卡侵扰小金川，派兵进剿，企图一举全歼当地土著势力，但莎罗奔郎卡不仅派兵扼守住各险关路口，并筑起石碉楼用于眺望和放箭。这种用巨石砌成的方形碉楼，底大顶小，分大小，内有几层或几十层，高十余米或数十米不等，守者可以居高临下，向来犯者投以矢石滚木，使攻者难以致胜。虽乾隆帝派了作战勇猛的八旗军队，但对此碉楼毫无办法。直到乾隆十三年（1748），清军仍未取胜。因此乾隆下令在香山南麓仿照四川碉楼样式筑了几十座碉楼，并修建了团城演武厅，亲自检阅军队的演练，将突出的军士挑选出来组织成健锐云梯营，交由皇帝钦命的大学士傅恒率领开赴金川。乾隆十四年（1749），傅恒功成，凯旋班师。乾隆帝为庆贺这一胜利，亲自撰写碑文，立石碑，并在团城南面建了一座黄琉璃瓦碑亭（实胜寺碑亭），现依然如故，掩映于一片绿树之中。那些石砌的碉楼在香山一带仍依稀可见。在团城的西南，还有一处百株参天白皮松拔地而起的大院落，甚为清幽壮观，这就是因松得名的松堂，是当年乾隆帝检阅演兵之后休息用膳，及宴文武功臣之处。松堂为砖石结构的敞厅，坐西朝东，面阔三间。敞厅内设有紫石雕宝座，其后横卧一石屏风，上面镌刻着乾隆帝赞美健锐云梯营的御制手书。

北京皇家御苑各有特点。圆明园、畅春园、西苑三海均平地造园，没有天然水光山色；万寿山清漪园（颐和园）有山景有水色；香山静宜园是山景；玉泉山静明园则山景为主，水景为辅，然却因山中泉水清凉甘甜而得名。乾隆帝曾赐封“天下第一泉”。静明园内有玉峰塔、妙高塔、华藏塔、圣缘塔四座造型各异的佛塔。在玉泉山主峰上香岩寺内的玉峰塔是仿镇江金山寺慈寿塔建成。塔顶距地面150米，系北京地理位置最高的塔。玉峰塔是楼阁式七层砖塔，塔身八角形，每层都开有门，并雕了石窗。 门、石窗相互交错排布，形成特殊装饰节奏。乾隆皇帝御制诗集就收录有《玉峰塔影》诗一首。从颐和园数里之外即可望见玉峰塔。

从万寿山望玉泉山，1901年

清漪园大报恩延寿寺残迹，1868年

大报恩延寿寺前牌楼，19世纪末

颐和园东宫门前铜狮，1900年

颐和园佛香阁，20世纪20年代

颐和园佛香阁，20世纪初

颐和园排云殿，20世纪初

颐和园仁寿殿前铜龙，1900年

颐和园仁寿殿内景，20世纪初

颐和园长廊，20世纪20年代

颐和园万寿山西麓，20世纪初

颐和园佛香阁、转轮藏，20世纪初

颐和园佛香阁，20世纪初

颐和园佛香阁，20世纪20年代

颐和园众香界、智慧海，20世纪初

从佛香阁俯瞰排云殿，20世纪初

颐和园宝云阁铜亭，20世纪20年代

颐和园万寿山昆明湖碑和转轮藏，20世纪初

颐和园山色湖光共一楼，
20世纪20年代

颐和园画中游，20世纪20年代

颐和园庭院，20世纪初

颐和园小有天亭，1900年

颐和园谐趣园，20世纪20年代

清漪园昆明湖南湖岛，1868年

颐和园昆明湖十七孔桥，20世纪初

颐和园昆明湖十七孔桥，19世纪末

清漪园治镜阁，19世纪70年代

颐和园玉带桥，20世纪初

颐和园铜牛，1900年

颐和园廓如亭，20世纪初

颐和园清晏坊，1900年

颐和园画坊，1900年

颐和园荇桥，20世纪初

颐和园荇桥，20世纪20年代

颐和园荇桥，20世纪初

颐和园荇桥，20世纪初

颐和园后山四大部洲佛塔，20世纪20年代

颐和园后山四大部洲佛塔，20世纪初

颐和园后山琉璃塔，20世纪20年代

颐和园涵虚牌楼，20世纪20年代

从玉泉山下石坊远
颐和园，20世纪

中南海鸟瞰，1945年

南海瀛台鸟瞰，1945年

中海海晏堂宫门，1904年

中海日知阁，20世纪初

中海水云榭，1900年

紫禁城、北海、团城鸟瞰，1945年

北海永安寺塔，1868年

北海永安寺塔，19世纪末

北海金鳌玉蝀桥，19世纪末

北海永安寺塔，20世纪初

北海堆云牌楼，20世纪初

北海永安寺塔，20世纪初

从琼岛望北海北岸，20世纪初

北海西天梵境琉璃牌坊，20世纪初

北海西天梵境，20世纪初

北海静心斋，1900年

北海九龙壁，20世纪初

北海亲蚕殿，1900年

北海亲蚕殿宝座，1900年

北海西岸，19世纪末

北海南岸，20世纪初

北海金鳌玉蝀桥、团城，20世纪初

北海、团城、中海，20世纪50年代

北海金鳌玉蝀桥、团城，20世纪初

北海团城，20世纪初

北海金鳌玉蝀桥牌楼、团城，20世纪初

北海团城，20世纪初

北海团城，1868年

北海团城，20世纪初

北海团城，20世纪初

北海团城承光殿前玉瓮亭，20世纪初

北海团城承光殿玉佛，20世纪初

北海团城承光殿玉佛，20世纪20年代

香山团城演武厅，20世纪初

八大处寺庙，1868年

玉泉山静明园，1868年

玉泉山静明园定光塔、华藏塔，20世纪初

玉泉山静明园圣缘寺琉璃塔，
20世纪初

玉泉山静明园玉宸宝殿，20世纪初

玉泉山静明园玉宸宝殿前石碑，20世纪初

玉泉山静明园“天下第一泉”，20世纪初

玉泉山静明园，20世纪初

玉泉山静明园，20世纪初

玉泉山静明园，20世纪初

玉泉山静明园定光塔，20世纪初

玉泉山静明园华藏塔，20世纪初

玉泉山静明园峡雪琴音望妙高塔，20世纪初

第六章　宫廷岁朝

清末，虽然清朝政权濒临灭亡，宫里却依然过着奢侈享乐的生活。光绪二十九年（1903）除夕临近，过了腊月二十三日祭灶，内务府便传知各宫总管封印准备过年事宜。由内务府奏明慈禧太后，得旨按宫中旧例行事，便传告各府第福晋、命妇、格格，及一二品大员的女儿于二十五日进宫度岁。这天上午八时，全体齐聚紫禁城锡庆门前。只见总管太监李莲英，也穿上了蟒袍补褂，迎接在锡庆门前。各府福晋都是一色大红绣花氅衣，粉红衬衣。进宫的格格们个个花枝招展，由李莲英引领至宁寿宫。太后升堂入座后，第一拨由格格朝见。众格格鱼贯而入，向慈禧太后行礼毕，分别侍立太后左右。太后对她们说些吉祥话后，便一一询问年龄、学识，然后退去。第二拨由各府第福晋、命妇入见，皇后、妃子及宫内当差的格格负责招待。慈禧太后说："过新年，大家应当快快乐乐庆祝一番，可不要闲着。我朝家法严谨，女子应该懂得治家之道，首要会做针线活，历来凡是皇上御用的衣履，都是由皇后、贵妃亲自制作。我看各府格格，性喜浮华，不要说娴熟裁剪，就连做针线也好像不是自己的事。总是坐享其成，将来出阁怎么是好？今天就叫皇后、妃子、福晋、命妇，各裁一件衣服，然后叫格格们每人缝一件，限两天交活。"有的福晋一听太后懿旨，吓得汗流浃背，因为她们知道自己闺女针线的本领。有的福晋则希望自己的闺女大显才能。慈禧太后叫李莲英传知准备好的衣料，随同针线笸箩，摆在案子上。太后说："裁完活，可以到畅音阁看戏去，格格们今天只管看戏，二十六、二十七两天限你们做好，可不要慌神。"那些不会做活的格格们，趁慈禧太后同福晋们去斗纸牌为乐时，偷偷把衣料交给会裁剪缝纫的姊妹，然后把人家缝好的衣服，摆在案子上装样子。也有不愿弄虚作假的，做什么样就是什么样。一天的工夫活做完了，有的在御花园玩耍，有的去看戏。两天之后，每人将自己所做的衣服交给皇后和妃子验收，标写姓氏，陈列案上。太后在案前，走马看花似的巡视一番。由皇后、妃子评定，按等级发给赏赐。二十八、二十九两日，慈禧太后和年长福晋继续斗纸牌或是观戏。其余众人，有摇摊的，有推牌九的，有拈升官的，有掷八仙庆寿的，有掷围猎的，热闹非常，但也有不少人偷偷溜回府第中去了。

大年三十这天，慈禧太后起的比平时要早，皇后等也在黎明时分，来到殿上。格格们天不亮就已梳洗打扮完毕。众人的服色，与寻常不同，皇后、妃子、大公主以及福晋等都穿官服，头戴翠钿，身穿衬衣，外罩红青长褂，宝石挂钮，耳戴坠子。格格们仍是大红氅衣。只是人人头上加戴做成福寿二字的红绒缕。两把头上，各插大红穗子，垂至肩头。太后由寝宫出来，也是头戴钿子，内穿黄色绣花衬衣，外套一件红青大褂，褂子前后心和两肩下，绣着四团龙金丝正龙，下绣五色海水。慈禧太后升座后，由隆裕皇后率众人向太后请安。礼毕，太后命皇后率领福晋们制作佛前的供花，大公主率领格格等布置佛前供品，直到午膳才忙完。慈禧太后亲自写了二十张三尺见方的福、寿字。她说："谁爱写字，照着我的字样书写吧，不要怕难看，越练越好，没有胆子不行。"说完，有的格格提起大笔，歪歪扭扭写起来。太后笑着说："画虎不成，反类犬者"。众格格哈哈大笑起来，弄得提笔大胆写字的格格脸儿通红。

下午五时，光绪皇帝率领近支宗室，满蒙各王公及满汉二品大员，至宁寿宫给慈禧太后行辞岁礼。这种礼节，是满洲旧俗，先由礼部赞礼郎等在大殿上唱满语赞礼歌。此时由皇上及各亲王在太后面前随歌声对舞，皇上和礼亲王一对，庆亲王和醇亲王一对，郡王与伦贝子一对，共十余对。舞毕，皇上在前，诸王大臣在后，向太后行三叩礼。太后各赏荷包一双，然后皇上与诸大臣回乾清宫。

皇上退后，皇后便率众嫔妃向太后行礼，由内务府女赞礼官唱导。这项女赞礼官的装束与男赞礼郎一样，皆是朝冠朝靴，蟒袍补褂，不同的是，她们是油头粉面，耳坠金钳。最后是宫女、太监等叩头，嘴里嚷着："奴才们给太后磕头了"。由于人数太多，跪满了一院子。慈禧太后命李莲英，每人赏银十两。太后退回寝宫休息。此时，妃子又率领大公主、福晋、命妇等给皇后行礼。然后，福晋、命妇等又向妃子行礼。其次，福晋、命妇再分长幼，互相行礼辞岁。格格们也向长辈请安辞岁。满洲礼节是这样的，凡是格格小姐，除祭祀礼佛叩头，或对帝后叩头外便不再叩头，就是对亲生父母，也不磕头。因为旗籍女子未出嫁前，在家庭中是至高无上的。凡是晚辈给长辈辞岁的如格格、宫女、太监等个个都能要得百八十两的压岁银。

除夕之夜辞岁的钟声将过，慈禧太后命众人齐至殿上，排好长案后，由御膳房将事先预备好的各种素菜端上桌，太后命众人一齐下手做素馅煮饽饽饺子，于是切的切，剁的剁，大殿之上霎时叮咚儿乱响。切剁好后，都交到太后面前，由皇后、妃子、大公主等人拌馅儿。口味咸淡，由太后决定。天到朦朦亮时，饺子已包齐。太后命众人退回更衣，重新梳头打扮。不大工夫，众人回到殿上。太后坐在案端，皇后等人都站在案旁。太后命宫女把煮好的饺子端上来，太后说："此刻是新年、新月、新日、新时开始，我们不能忘记去岁的今日今时。今天我们能吃一碗太平饭，这就是神佛的保佑，列祖列宗的庇护。”说完，命大家用膳。大家向太后叩头谢恩。吃罢煮饺子，天才大亮。太后吩咐各府福晋、命妇回府。

外边传来信说，皇上给太后贺岁来了。众人迅速躲在屏风后，光绪皇上来到殿上，双手捧着一柄如意，跪在慈禧太后面前，奏道：“子臣谨贺太后新年新喜。”太后将如意接过，皇上向太后叩首。太后为了取个吉利，态度也和气了，笑着说：“祝国家日益富强，愿皇帝身体康健。”皇上叩头毕，太后下座，命皇上在殿上吃素馅煮饺子，皇后和瑾妃站在桌旁伺候。虽是大喜日子，光绪皇上依然心事重重，面上没一点喜容，勉强吃了两个煮饺子，便站起来应付太后说：“今年的素馅饺子很好。”太后说：“今年的香油比往年香。”等皇上漱口净手后，隆裕皇后领妃子及群宫女给皇上行礼贺年，群太监也口称“新喜”给万岁叩头。皇上受礼毕退出，便赴保和殿接受群臣贺礼去了。

这时，只听远处锣鼓喧天。李莲英禀奏说：“各会头给老祖宗叩年来了。”太后说：“叫他们到海子里去罢。” 慈禧太后率领一群后妃、宫女、太监像一群蜂似的来到中南海。各会头跪在地上给皇太后拜新年。太后受礼毕，会头开始献技。霎时间，只见虎坊桥的太狮、少狮，南弓匠营的五虎棍，右安门的跨鼓、十幡，禄米仓的秧歌，地安门的石锁，六郎庄的五股棍和高跷会，天桥的龙灯会，还有天津的小车会，涿鹿的跑旱船等逐一表演。慈禧太后看得心花怒放。表演直到中午才撤去，太后赏各会头一百两银子。然后与众格格等兴尽而归。

晚清时期，西餐在中国的流行，与慈禧太后有着密不可分的关系。慈禧对西餐，开始是作为外交工具使用的。光绪二十六年（1900）八国联军侵占北京，慈禧太后挟持光绪皇帝仓皇西逃。这老佛爷深知洋人的厉害，不仅下旨留守大臣要“量中华之物力，结与国之欢心”，而且特别注意与驻北京的各国公使和公使夫人搞好关系。这其中，西餐起了相当大的作用。

光绪二十八年（1902）初，慈禧太后和光绪皇帝从避难的西安返回紫禁城，并发懿旨要与各国“讲信修睦”，以换取列强对太后的好感和支持。外务部还奉懿旨：“令各使馆内眷进谒宫廷，随同游宴。”慈禧太后是天生的女主人，她的应酬功夫和魅力不俗。庚子之变后，慈禧即常于皇宫和御苑内多次召见宴请各国公使、军官以及他们的夫人。她从宝座上走下来，对客人说：“又得您瞧我来了，深感幸运。”她会拉着女宾客的手，问她们进宫来这一路是否劳累，点心是否合口味。慈禧太后会对每位客人分别关注一小会儿，使得对她素有偏见的人也受到感染。当她听到一位夫人在太平天国之乱时受伤，立刻眼泪盈眶，握着对方的手说：“这种事儿不会再有了。”随后的宫廷宴席，菜肴更是异常精美，有满汉中式的，也备有西式的，并摆设刀叉，席间慈禧太后频频举杯，邀请这些夫人就餐。宴席上，有位公使夫人颇为失礼地向太后索要她用膳时与众不同的御用碗，慈禧太后稍稍犹豫一下，转头吩咐太监：“去，给她备两个。”

最初，由于宫廷对于西餐的礼仪了解不足，不免存在很多缺失。比如宴会桌子上竟然铺着颜色十分艳丽的漆布；餐巾是一些五颜六色的花棉布；鲜花是没有的，桌子上摆着多是糕点和水果。其后，随着举办这类宴会的增多，宫廷学习西餐礼仪也在逐渐完善，参加宴会的公使夫人发现，餐桌上铺上了洁白的桌布，餐巾也是白色的餐巾，而餐桌上面更是摆满了鲜花。就餐过程中，从侍者到就餐者应对都十分到位，这显然是经过一番学习的结果。

慈禧太后出于外交政治的考虑而延用西餐，几番下来，也喜欢其中的一些菜点，但她对西餐从骨子里还是有些歧视。公使夫人们屡屡被请，有些过意不去，商定回请慈禧太后。限于身份，慈禧太后让其侍从、庆亲王的四格格代表她出席。四格格回宫后，慈禧太后问其宴会感受，四格格大倒苦水，说洋人吃饭用的是刀叉，简直就是兵器，而菜都是半生不熟的，肉里面都是血水，尤其是吃完饭之后，还要喝杯汤药（咖啡），实在让人受不了。慈禧太后笑着评价说："洋人为化外之民，不知膳食。"

一次慈禧太后和御前女官德龄闲聊中，问及德龄在法国的生活，说到饮食，德龄大谈西餐的好处，并向太后力荐。看到德龄眉飞色舞的样子，慈禧太后也颇受感染，于是一场正宗的法式大餐在清宫上演。德龄按照菜单从租界餐馆购买菜肴，还亲自下厨。太后尝过之后，虽然对那些繁多的刀叉不以为然，但是对其中一些菜肴倒是很有好感。比如黄澄澄的法式面包。后来慈禧太后在空腹的时候常吃一些西式面包垫吧垫吧，成了通常的茶点。又如樱桃点缀的煎牛排之类，后来慈禧太后在喜欢吃的烤鸭中放入樱桃点缀，灵感就源于此。上有所好，下必甚焉，正是皇宫的示范作用，西餐很快在京城的高门大户中流行开来。

光绪三十年（1904）正月初五日，北京外交团进紫禁城向慈禧太后、光绪皇帝行新年朝贺之礼，其礼在乾清宫内行之。次日各公使夫人及参赞夫人进宫朝贺，皇太后招待于大殿内，人颇极一时之盛……是日为正式朝贺，故礼节备极郑重，外务部派官员数人，与诸女宾同登朝堂。公使夫人及参赞夫人由奥国公使齐根男爵带领介绍，向太后、皇帝两宫行朝贺礼，齐根男爵起而以法语述颂辞，由外务部堂官翻译之。两宫亦以汉语略述答辞，则由善操法语之联芳翻译之。齐根男爵遂引导诸女宾，一一与两宫接见。礼毕，齐根男爵与其随从人员先退，由清宫官员导至殿堂客厅中进用茶点，而诸女宾则由公主格格人等陪伴，在一别室内用茶。

1912年2月12日，皇帝退位，逊帝溥仪仍寝居宫中内廷部分，维持小朝廷的生活达十三年之久。溥仪弟妹家人常进宫省亲和伴读，每当年节按祖制和传统亦繁琐热闹的很。

紫禁城乾清宫廊下安设的宫廷乐器，1922年

紫禁城乾清宫廊下安设的宫廷乐器，1922年

紫禁城乾清宫溥仪大婚时搭设的彩帐，1922年

紫禁城乾清宫溥仪大婚时搭设的彩帐，1922年

紫禁城御花园承光门，1900年

紫禁城交泰殿年节时门神，1922年

坤宁宫溥仪大婚时搭设的彩帐，1922年

紫禁城养心殿东暖阁，20世纪20年代

紫禁城养心殿院内花卉，20世纪20年代

紫禁城储秀宫院落，1900年

紫禁城西六宫殿内陈设，20世纪20年代

紫禁城翊坤宫院落，1900年

紫禁城重华宫东间，20世纪20年代

紫禁城太极殿内景，20世纪20年代

紫禁城漱芳斋院落，20世纪20年代

紫禁城漱芳斋内景，20世纪20年代

紫禁城漱芳斋院落，20世纪20年代

紫禁城浮碧亭与摛藻堂，20世纪20年代

紫禁城澄瑞亭中的婉容、文秀、唐石霞，1922年

紫禁城养性斋前山石，20世纪20年代

紫禁城御花园千秋亭，20世纪20年代

紫禁城御花园养性斋与四神祠，20世纪20年代

慈禧太后，1903年

慈禧太后与光绪皇后、瑾妃、德龄、容龄、容龄之母合影，1903年

慈禧太后赏雪，1903年

慈禧太后赏雪，1903年

慈禧太后赏雪，1903年

慈禧太后赏雪，1903年

荣寿固伦公主，20世纪初

荣寿固伦公主（中坐）与公主格格合影，20世纪初

溥仪母亲瓜尔佳氏，20世纪初

溥仪在养心殿西配殿前，1922年

溥仪与润麒在御花园四神祠，1922年

婉容，1922年

婉容与文秀，1922年

婉容在储秀宫前，1922年

婉容、文秀与溥仪弟妹，1922年

王爷之家，20世纪初

肃亲王善耆，20世纪初

润麒与大臣，20世纪20年代

顺承郡王讷勒赫王妃，20世纪初

克勤郡王王妃，20世纪初

肃亲王王妃，20世纪初

毓朗的大格格，20世纪初

毓朗的两个格格，20世纪初

毓朗的小格格恒馨（婉容母亲），20世纪初

溥祺的格格，20世纪初

外国公使到宫中朝见皇帝，20世纪初

太监在乾清门当差，1902年

差役在乾清门给来宾斟茶，1902年

太监在养心殿当差，1902年

太监在宫中当差，1902年

养心殿的差役，1902年

第七章　旗装旖旎

中国人自古素重衣裳冠履制度，服饰有着极其悠久的发展历史。这些上下垂承、不断演变的服饰，透过服饰所具有的内在特征，能够了解人的精神世界。上迄清末、下至民国，其中有清朝入关推行剃头易服后沿袭了二百余年的满族服饰，也有汉族妇女传统的衣裳裤裙，还有受西方服饰影响的产物而风靡一时，犹如昙花一现的时装。很显然，这是一个社会巨变、江河破碎、西风东渐的动荡时期，在服饰上打下了鲜明的时代烙印，出现了巨大的变化与革新。然而这正是华夏古代服饰与现代服饰之间承上启下的重要一环，既可以看到古代服饰的痕迹，也可窥视现代服饰的雏形。

旗袍原是满族妇女穿的长袍。满族入关以后，统治阶级被称为旗人，妇女穿的长袍也就被称为旗袍。每逢夏历初一、十五，早上有许多带红缨帽的坐了马车赶往神武门，入宫去给皇帝请安。他们大概都是王爷什么的。在街上分辨谁是旗人，男的不好分辨。只有他们在街上遇见熟人，彼此问好，右腿后退半步，右手直向下伸，直到地面，行一个请安礼节，才敢判定他们谁是旗人。至于妇女，那就容易分辨了。她们穿着旗袍，下边是天足，上边时常梳着两把头，就像《四郎探母》中铁镜公主梳的那样发式。或只脑后梳上两块黑缎子糊的扳，像蝉翼似的。尤其是王公命妇家的妇女外出，总是涂脂抹粉，穿上盛装。所以妇人容易分辨。旗人妇女，穿长旗袍，梳两把头，面部擦胭脂粉，长身玉立，端庄大方。逊清皇帝溥仪出宫前，旗人妇女着旗袍的风气，仍存在于民间。

一九二四年秋，第二次直奉战争爆发。冯玉祥将军率部开赴古北口前线。十月二十五日突然班师回京，反吴佩孚倒曹锟，佩戴写有

“不扰民、真爱民、誓死救国”的袖章的国民军在城中遍贴六言的班师布告，囚了曹锟，电请孙中山先生北上共议国是。十一月五日，又派鹿钟麟进入皇宫驱逐溥仪出宫，溥仪当天迁到后海醇亲王府。从这一天起，在京城街头上再也看不到梳两把头装束的妇女了。在北京二百来年旗人妇女梳两把头的风气，到这时根本绝迹了。

说来也很奇怪。北京街头梳两把头的不见了，穿木头盆底鞋的没有了，而旗人妇女穿的旗袍却悄悄地在京城民众中流行起来。很快地从北京流传出去。二十年代中叶起，妇女穿旗袍已风靡全国，不仅各大城市妇女穿裙子的少了，都穿上了旗袍，连乡村妇女也穿上旗袍了。

旗袍的领子做高做低，高时硬领箍脖，高可顶住下颚骨，还钉上三个纽袢，头部转动都受限制。低时领子只有一扁指高，总算有个领子罢了。把袖子截长截短，袖口长时盖住手背，短时袖口仅及肘部，再短时只遮两腋，乍一看很像穿着个大坎肩儿。把身长裁长裁短，袍身长时下摆扫着脚面，短时下摆仅至膝部。把下裉开高开低，下裉开高时高到胯骨，使旗袍的前后襟很像舞台上大将军的甲片飘在下身前后。低时低到膝部以下，走路时迈不开步。那时旗袍的领、裉、袖、身长短，变换花样，争奇斗胜。旗袍这种衣服也真是具有优点，它穿在身上合身合体，自然优美，显得亭亭玉立，俏丽大方，且易裁易做，又省料子。妇女穿着旗袍极富线条之美。

两把头是清宫后妃们日常生活中的基本发式。无论是出宫游玩，还是尊上请安、用膳，都梳两把头戴首饰，虽然发型都一样，但是从头上戴着首饰就能区分身份高低，尊卑贵贱。梳两把头要戴的首饰有扁方、花簪、插头针、疙瘩针及各种绒绢花。首饰大多是金、玉、珠、宝等珍贵材料制成，每件都有一些分量。几件首饰加在一起，重量相当可观。因此两把头必须要梳得结实、稳固。两把头先是把额前至耳后的长发束起，在头顶正中扎起一个头座。然后把头座的长发平分左右两把，再把扁方横插在头座前，压住左右两把末端的散发，用插头针把两把头发固定在扁方两端。齐耳下后垂的头发，梳成扁平的燕尾。末端用发带束住，微微上翘。整个头型，形似一个待飞的燕尾，最后戴花簪、绒绢花，不仅仅为了美观庄重，重要的是用此压藏散发，起到保持头顶平衡的作用。此外，通过梳头，还是区别女性婚否的标志。已婚妇女梳头时额前的头发尽量往后梳，要露出绞过的方鬓角，以前妇女结婚后都要将额前的头发及汗毛拔掉，形成疗鬓，叫做开脸，未婚姑娘的额前要留出一排齐眉穗，盖住前额。

虽然宫中妇女都梳两把头。但整个清朝二百多年的时间里，也有过较大的变化和改进的过程。清皇室处于草创，典制很不完备，妇女的头饰没有固定的章法可寻，因此头发梳得极为简单。两把头梳得很低，两翅几乎与肩、耳边齐。这是因为梳头时要把前后左右的头发都照顾到，所以两翅不可能梳得太高。那时，皇后在宫中主内，管六宫生活之琐事。国家在上升时期，生活上都比较节俭。后妃们衣着、首饰都不甚华贵，就连乾隆帝的宠后孝贤皇后，平时头上也不戴珍珠、金、玉的首饰，戴绒花、通草，以崇尚节俭。道光以后，两把头的两翅逐渐增高、增大，这是续进了假发的缘故。慈禧太后当权时，不仅“垂帘听政”主外，主内更甚。慈禧素以爱打扮而受咸丰帝的宠爱，两把头经常变换花样。最后对两把头作了彻底的改革："孝钦皇后时制成新式，较往时之髻尤高；满洲妇女咸效之。"这是用"布袼褙"做成形似扇面式的外壳，外边包上青缎子或青绒布，戴到头上。脑后的燕尾，也用假发做，然后用铁丝勾在硬壳上。这个燕尾比真发的要长，几乎挨到领口上。特别是慈禧身居皇太后以后，衣着头饰更加讲究，常御之服包括各色绸缎绣龙袍、龙褂、绣蟒袍、绣百蝶袍、绣牡丹袍、绣凤和寿字袍，各色缂丝、绣不同式样的寿字图案氅衣、马褂、金丝串珠丝绣礼服、绣花串珠褂等，有的袍褂还镶有金边。衣服上都密缀了许多上等明珠，外边罩着由三千五百颗专供帝后御用的东珠串织成网状的大披肩。乌黑的两把头上则插着金银凤簪、玉蝴蝶、珠宝或翠花等各种不同的头饰，并佩戴各式名贵的耳环，头上常是并排几朵大花，再加各种珠宝流苏，真可谓金玉满身，珠翠盈头，靡费惊人。慈禧太后的东西，多是天下独一份孤品，因为没人比她更高贵。

两把头梳时很复杂，但满族妇女都具备自己梳头的能力，都以自己会梳两把头为荣。在清宫里，皇后、妃嫔每天梳头是她们起床后的第一件大事。各宫主位身边众多的宫女之中，都设有专门伺候梳头的宫女，可她们的任务是等主位把头座固定后，将头发平分两份时，协助主位拿其中的一把。等主位做好一把后，再做另一把。也有太监伺候主位梳头的，总管太监李莲英为慈禧太后梳头时曾阿谀道："老佛爷龙体康健，梳头不撑一根龙须"。曾经侍候逊清皇后婉容梳头的司老太太也讲过："我只给皇后递梳子，举镜子。"

首饰种类多样，质地等级不等，插戴的场合、时间也各不相同。总的来说，一是以身份高低为据，二是个人喜爱为宜。如皇后、皇贵妃、妃、嫔等或多或少头上要有金、玉、珠、宝等质地的头饰，贵人、常在、答应、宫女除了每年领到宫内发给的一般首饰外，还要看各宫主位的赏赐，赏给什么带什么。年轻人大多喜欢色彩艳丽的，老年的或寡妇们则戴淡雅素洁的。宫内遇有喜庆之事，如婚嫁、元旦、春节、端午、中秋等节，或是皇太后、皇帝、皇后生日时，宫中女眷花枝招展，戴福字簪、寿字簪、万字簪、喜字簪、龙凤簪、花篮簪、吉祥富贵扁方、牡丹凤凰扁方、佛手流苏、盘肠流苏及各种应节应时鲜花，如四月的玉兰花，五月的牡丹花、芍药花，九月的菊花等等。清光绪帝大婚时，皇后静芬坐着凤舆进大清门。入紫禁城后第一个程序就是与皇帝同坐坤宁宫东暖阁洞房的喜床上吃子孙饽饽饺子。当时的皇后，身穿双凤同和袍，头梳双髻，戴双喜如意簪、加添扁方、珠翠花簪、富贵绒花。要是宫内遇到丧葬大事，妇女们一律免戴首饰，只用几个插头针稳固头座。另外，在服孝的二十七个月中，妇女只能戴些素首饰，即白银的或白铜制的。

清宫后妃所戴的首饰，有些是外购进宫的，有的是各地向宫内进贡物品捎带来的。如乾隆六十年（1795），长芦盐政方维甸向宫内进贡，其中就有“翠顶花边十份，翠花十五匣，绒绢花二十匣，什锦梳具九匣。”也有些首饰，是皇后、皇贵妃过生日时娘家女眷及亲戚们当作寿礼敬献的，还有一大部分首饰是清宫内务府造办处制作的。乾隆年间，清宫内务府多次派人到苏州、杭州等地招收有名的工匠来京城，为帝后制作玩艺与装饰品。这些玩艺与装饰品，多选用各地向宫中进贡的名贵产品材料：东北的东珠，海南的珊瑚，东北松花江的松石，新疆的玉，四川、云南的玛瑙，福建的红蓝宝石，堪称国宝的羊脂玉扁方、金累丝龙凤簪、红宝石蜻蜓、宝石蝴蝶、翡翠佛手、珊瑚流苏、水晶帽花等等，都是当时的佳作。

清晚期，朝廷库银窘困，江河日下。后妃头上的首饰也有明显的变化：包金代替了赤金，绒花换成了纸花。宫内有身份的主位，头上戴的金银首饰，大多是祖传物，往往被视为奇珍。据说，光绪帝变法失败后，被慈禧太后囚禁在南海的瀛台。皇后隆裕，虽因不受光绪帝青睐记恨在心，但终究是名义上的夫妻，不能不去瀛台看望。隆裕百般关心，光绪爱搭不理。隆裕万分恼怒，气恼之极，用头往墙上撞去。头上戴的花簪掉到地上摔得粉碎，头发也弄的散乱。隆裕头上的花簪是乾隆时的遗物，流传几代皇后，都视为珍宝。隆裕把委屈告诉了婆婆。侄女受侮，祖传之物被毁，慈禧太后见此情景，怒不可遏。立即吩咐瀛台的太监，对光绪严厉看管，视为仇敌。由此可见，当时真是“物以稀为贵，母子情分疏”。

慈禧太后，1903年

慈禧太后，1903年

隆裕皇后，20世纪初

瑾妃，20世纪初

溥仪生母瓜尔佳氏，20世纪初

婉容母恒馨，20世纪初

婉容，1922年

格格旗装像，20世纪初

大格格韫瑛，20世纪初

铁格格，20世纪初

旗人贵妇，20世纪初

旗人贵妇，20世纪初

庆亲王福晋，20世纪初

肃亲王善耆福晋，20世纪初

旗人贵妇，20世纪初

旗人贵妇，20世纪初

满汉女子，20世纪初

满族贵妇，20世纪初

满族贵妇，20世纪初

满族贵妇，20世纪初

旗装母子，20世纪初

旗装母子，20世纪初

汉族贵妇，20世纪初

满族贵妇，20世纪初

满族贵妇，20世纪初

满族贵妇，20世纪初

满族贵妇，20世纪初

满族妇女大拉翅两把头，20世纪初

满族贵妇，20世纪初

满族贵妇，20世纪初

满族贵妇，20世纪初

满族贵妇，20世纪初

满族贵妇，20世纪初

满族贵妇，20世纪初

满族贵妇，20世纪初

汉族女子，20世纪初

满族贵妇，20世纪初

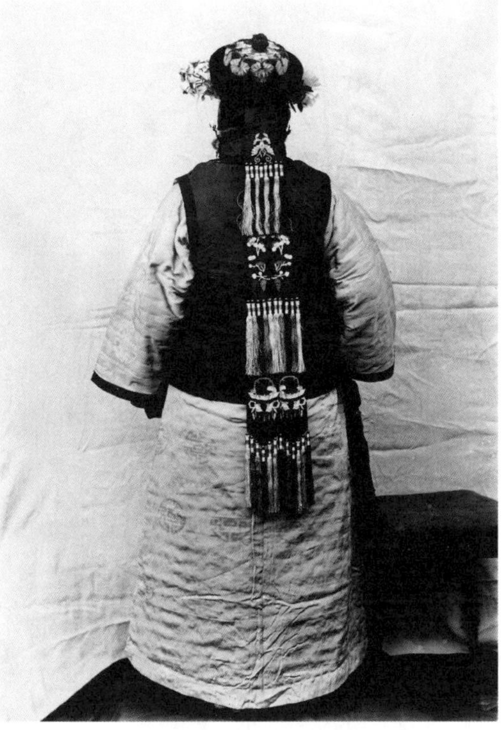

满族贵妇后背装饰，20世纪初

满族贵妇，20世纪初

满族贵妇，20世纪初

满族贵妇，20世纪初

满族贵妇，20世纪初

满族贵妇，20世纪初

满族贵妇，20世纪初

满族母女，20世纪初

汉族小脚女子，20世纪初

汉族小脚女子，20世纪初

汉族女子，20世纪初

汉族小脚女子，20世纪初

汉族小脚女子，20世纪初

汉族小脚女子，20世纪初

汉族小脚女子，20世纪初

汉族小脚女子，20世纪初

汉族女子，20世纪初

满族妇女，20世纪初

汉族小脚女子，20世纪初

汉族小脚女子，20世纪初

汉族小脚女子，20世纪初

汉族妇女，20世纪初

蒙古族女子，20世纪初

蒙古族女子，20世纪初

蒙古族女子，20世纪初

蒙古族女子，20世纪初

满汉蒙古族女子，20世纪初

满族女子，20世纪初

满汉蒙古族女子，20世纪初

满族女子，20世纪初

满汉女子，20世纪初

满族女子在打牌，20世纪初

第八章　钧乐天听

京剧顾名思义是在北京形成的剧种。它虽然形成于京城，却非北京土生土长。它是在传入京城的徽、汉两个地方戏曲的基础上，吸收了昆曲、梆子等一些地方戏曲的某些特点，逐渐融合、演变、完善而形成的，至今已有200多年的历史，并与紫禁城有着密切的关系。

在紫禁城中，设有管理戏曲的部门，明代称教坊司，属礼部。明亡后，清代初期仍设有教坊司。清雍正年间将教坊司撤销，成立了管理精忠庙事务衙门，代行教坊司职务。所谓精忠庙，初建于明代，其址在天坛北侧，是供奉爱国英雄岳飞的庙宇。当时在其内大殿左侧建有天喜宫，内供喜神庙祖师爷，岁时伏腊，戏曲艺人都来祭祀。

清代，在精忠庙设立了两个机构：一是隶属于内务府的管理精忠庙事务衙门；另一个是民间戏曲艺人的民众组织梨园会馆。管理精忠庙事务衙门，由旗人做堂郎中，负责向内廷传戏班以及向戏曲界公布禁令之类的行政事务，实际上就是统一领导梨园会馆以及京城的戏班、戏园。梨园会馆也叫梨园公会，是由戏曲艺人共同组织的群众团体，其首领由群众推选产生，叫做会首或庙首。梨园公会的主要任务是为同业举办公益事业或排难解纷。当时著名京剧艺人程长庚、刘赶三、徐小香、杨小楼、谭鑫培等，均相继担任过庙首。

清朝历代帝后，都重视演戏、看戏、编戏、做戏，因此清宫又设有南府（升平署），是专管宫廷戏曲演出活动的机构。清初承明制，设教坊司，执掌宫廷祭典宴享。雍正七年（1729），教坊司改为和声署，隶内务府，俗称“南府”，专司宫廷演剧。从此，清宫戏剧演出进入盛期。乾隆皇帝自命风雅，嗜戏成癖。当时，花部勃兴，诸腔杂陈，花雅争胜，昆曲、京腔、秦腔、徽调、汉调各展风采，有所谓“南昆北弋东柳西梆”之说。乾隆帝看遍长安花犹不满足，六次南巡，迎驾圣典空前，处处观剧，并由江南带回大批伶人，组成“新小班”，充实南府。使宫廷演剧机构迅速膨胀，多达二千余人，分为“内学”（内廷太监）和“外学”（民间艺人）两种。乾隆命翰林院词臣撰写剧本，以备乐部演习。凡各节气皆奏演，谓之“月令承应”；内廷每逢喜庆事，奏演祥征瑞应，谓之“法宫雅奏”；万寿节令前后，奏演群化神道、添寿赐禧，谓之“九九大庆”；此外还有“临时承应”、“丧礼承应”等也要演戏。其中以乾隆前后的宫廷大戏最为辉煌。这种盛况延续不久，因嘉庆、道光年间的内忧外患，南府受到影响。道光七年（1827）“外学”全部放出，仍回原籍，南府改为“升平署”。咸丰年间，宫廷演戏又复火热。

咸丰皇帝喜好声色，将大批民间艺人招至宫内，充作教习。就在英法联军攻陷京师，咸丰帝率皇室后妃避难到热河行宫，还特传旨令升平署太监、教习随行。咸丰去世后，慈禧太后垂帘听政。她酷嗜皮黄，于同治、光绪年间广召民间优伶进宫演出，谓之内廷供奉。宫外艺人和宫内太监本家班轮番承应，演剧活动极其频繁。当时京剧日盛，有如鲜花著锦，烈火烹油，“前三鼎甲”程长庚、余三胜、张二奎之后，又有“后三鼎甲”谭鑫培、孙菊仙、汪桂芬，宫里宫外，弦歌不绝。真是个：“太平歌舞寻常事，到处风飑五色旗。家国兴亡谁管得，满城争说谭鑫培”。这种情况一直延续到辛亥革命。

明末清初弋阳腔传到北京后，受北京语言影响，改地而歌所形成的京腔，又称弋腔和高腔。清康熙、乾隆年间曾盛极一时，出现“六大名班，九门轮转”的盛况，并被引进宫廷编演“昆弋大戏”。王府新班、双庆部、宜庆、萃庆、集庆等在京师各剧场轮回演出，诚一斋南纸店请画师贺世魁为十三位名角绘制了戏装像，悬于门额，俗称京腔十三绝。这十三位名角是：霍六、王三秃、开泰、才官、沙四、赵五、虎张、恒大头、卢老、李老公、陈丑子、王顺、连喜。当时有“南昆北弋东柳西梆”之说，其中北弋即指京腔。乾隆末年，秦腔、徽调相继进京，京腔相形见绌，逐渐衰落。清末民初河北高阳一带曾有昆弋同台的班社到北京演出，后绝迹于舞台。

清乾隆年间宫廷戏班所演整本大戏。所演剧目多是翰林院词臣根据民间旧有传奇或杂剧加以编理，集成整本，或就原有整本而扩大其篇幅。其中最著名的是《劝善金科》、《升平宝筏》、《鼎峙春秋》、《忠义璜图》四大本。此外还有《昭代箫韶》北宋杨家将故事，《封神天榜》封神演义故事、《锋剑春秋》后列国志王翦与孙膑故事，《楚汉春秋》西汉刘邦与项羽故事，《兴唐外史》瓦岗寨秦琼、罗成故事，《征西异传》薛丁山、樊梨花故事，《盛世鸿图》曹彬下江南故事，《阐道除邪》张天师除五毒故事，《铁旗阵》杨七郎、八郎平南唐故事，《如意宝册》、《平妖传》等。这类整本大戏，大多数是分为十本，每本二十四出，共为二百四十出，每天只能演一本，演完全部便须连演十天。当时的内廷，为了演出这些整本大戏，不仅行头极为豪华，砌末皆属特制，而且其演出舞台也是特加建造，最大的有三处：一为紫禁城宁寿宫畅音阁戏台、二为颐和园德和园内大戏楼、三为承德避暑山庄清音阁戏台。

清代南府与升平署的设立，主要是服务于宫廷享乐，但在客观上也给戏曲艺术的发展起到了推动作用。如当时不少民间戏曲演出本，多粗俗简陋，词语不通，经入宫演唱，词曲修改较为明畅，艺术水平有所提高。京师戏曲有一个漫长的发展过程。据考："咸丰以前，最重昆腔、高腔，咸丰以后，专重二黄。"京剧的形成，大约在道光以后，它的鼎盛时期是同治、光绪年间。由于清代历朝统治者对于戏曲的偏爱，为它的逐步发展也创造了有利条件。

乾隆五十五年（1790）是清乾隆帝八旬"万寿大典"，全国各省的名戏班，都被召进北京演戏庆寿。这时南方久负盛名的安庆徽戏班，由"三庆班"的名旦高朗亭率领入宫祝寿。随后"四喜"、"春台"、"和春"接踵而来，这是"徽戏"第一次登上京城的宫廷舞台，时称"四大徽班"进宫。

徽戏诞生于安徽省安庆市一带，声腔以"二黄腔"为主，以"昆腔"、"徽调"、"吹腔"、"四平调"为辅，十分丰富。并且剧目题材广泛，情节动人，语言通俗易懂。入宫演出深得帝后、皇室的赏识，在北京民间演出也很受百姓拥戴，艺术不断发展，到了道光初年达到领先地位。并且广泛地吸收了当时京城舞台上其他一些戏曲的特长。当时一些昆曲、高腔、秦腔的演员，由于原剧种的衰落，很多人搭入徽班演唱，使徽班形成了一个诸腔具备的综合戏班，进一步丰富了徽戏班的表演艺术。

道光八年（1828）后，汉戏开始进入京城。汉戏又名楚调，是流行湖北的地方戏，以“西皮”、“二黄”两种腔调为主。西皮源于陕、甘一带的秦腔，二黄源于湖北黄陂、黄冈一带流行的黄腔。汉戏进京时，徽戏正声势浩大，雄居北京舞台。另外，徽、汉二戏在进京以前，它们之间早已有着频繁的交往，无论声腔曲调，演出剧本，表演动作方面，均有着血缘关系，艺术十分相近，特别是徽汉二戏的演员，早在进京之前就有过合作的历史。因此汉戏演员进京后，并未单独挑班演唱，而是投身于徽班之中。于是北京的舞台上形成了徽、汉、秦合流的局面，为京剧的形成奠定了基础。

经过徽、汉二戏演员的合作、努力，根据北京广大观众的需要，在艺术实践中做了一系列的变革。无论声腔上、剧目上、舞台语言上、表演上，以至演员阵容上都出现了一些明显的变化，一个新戏曲形成了。这个新的戏曲形式就是京剧。由于京剧是在进入北京的徽班的基础上博采众家之长而形成的，因此也可以说京剧是从徽班脱胎而生。

京剧自咸丰年间（1851–1861）形成后，风靡清宫，特别是到了光绪年间（1875–1908），成为宫廷帝后生活中欢娱的大事。慈禧太后更是一个戏迷，在她执政时期曾把升平署扩大到380余人，并一度迁至颐和园德和园内。每当她来颐和园的第二天，必定开锣唱戏。在她过生日的时候，更是“前三后五”，连唱九天。当时升平署戏班的主要演员全由太监担任，有时同京剧名角合演。因此，有些太监把擅长演戏看成接近主子的一个阶梯。如果某个太监有超群的绝艺，必然得到太后老佛爷的赏识，从此也可能飞黄腾达。当时清宫里的大太监小德张，就是由于在升平署戏班唱戏，才艺双绝，而被慈禧太后所赏识，后提升为升平署戏班总提调，最后爬到了总管太监的地位。

演戏、看戏，对封建时代的统治者们来说，既是娱乐，又是享受，并起到了粉饰太平、歌功颂德的作用。为了从事戏剧活动，所挥霍也是相当惊人的。据史料记载，光绪十年（1884），慈禧太后五十大寿，在畅音阁和长春宫演戏，购置戏装、道具等，所耗白银十一万余两。慈禧太后还是一个标准意义上的戏迷。她欣赏戏剧，也懂音律。宫廷大戏《昭代箫韶》就是在她的主持下由二十四出被翻改成了一百零五出的京剧剧本。乱弹《阐道除邪》中剥皮鬼唱的反调台词，也是慈禧太后亲自编写。慈禧太后回銮之后，不再召整班，只选个别演员"内廷供奉"。谭鑫培、孙菊仙等名角儿都是她的所爱。慈禧太后对京剧的一往情深，无疑大大推动了这门国粹的繁荣。

1912年，随着清王朝覆灭，升平署解散了，不少艺人留京谋生，以教戏为业，带出的许多戏本，广为流传，有些一直保留至今。其中有的传统保留剧目，则是反映紫禁城内的历史故事的，例如京剧《大保国》、《探皇灵》、《二进宫》是著名的生、旦、净合作戏。清代升平署就有这剧目，说明他在紫禁城中演出过。故事发生在紫禁城里的乾清宫。

乾清宫和坤宁宫被称作中宫，即小说、戏曲中所说的"昭阳院"，是宫廷大内的中心，东西各六宫分列两旁，犹如众星拱月，这里是皇帝和皇后居住以及受朝贺的地方。

清代统治者虽然蔑视地方戏曲，但是“花部”多数内容反映的却是当时的时代和民众的生活及思想感情，深受广大民众喜爱，所以仍旧得到迅速的发展。大约从乾隆到道光近一百年的时间里先后有弋阳腔、秦腔、徽调、汉调、山西梆子、柳子腔等地方戏曲传到京城，盛行于北京舞台。

紫禁城漱芳斋院内戏台，20世纪20年代

紫禁城畅音阁阅是楼慈禧听戏处，20世纪20年代

梅兰芳《天女散花》剧照，20世纪20年代

梅兰芳《黛玉葬花》剧照，20世纪20年代

梅兰芳剧照，20世纪20年代

梅兰芳《黛玉葬花》剧照，20世纪20年代

京剧《莲花湖》中的胜英、韩秀（王凤卿、杨小楼饰），20世纪20年代

谭鑫培扮演《定军山》之黄忠剧照，20世纪初

京剧《虹霓关》中的东方氏、王伯党（余玉琴、朱素芳饰），20世纪初

京剧《阳平关》中的黄忠、赵云（谭鑫培、杨小楼饰），20世纪初

京剧《请医》中的刘高手、苍头（罗寿山、王凤卿饰），20世纪初

京剧《穆柯寨》中的穆桂英、杨宗保，20世纪初

王瑶卿饰《樊江关》中樊梨花，20世纪初

京剧《拿谢虎》中的黄天霸、谢虎，20世纪初

京剧《战濮阳》中的吕布、典韦，20世纪初

昆剧《铁笼山》中的姜维、司马师，20世纪初

京剧《樊江关》中的樊梨花、薛金莲，20世纪初

昆剧《四杰村》中的胡理、廖奇冲，20世纪初

京剧《武家坡》中的薛平贵、王宝钏，20世纪初

京剧《落马湖》中的黄天霸、酒保，20世纪初

京剧《艳阳楼》中的高登、花逢春、徐世英、秦仁，20世纪初

京剧《乌盆记》中的刘世昌、张别古，20世纪初

京剧《桑园寄子》中的邓伯道、邓的弟妇和他们各自的孩子，20世纪初

京剧《穆柯寨》中的穆桂英，20世纪初

昆剧《断桥》中的白蛇、青蛇（陈德霖、余玉琴饰），20世纪初

昆剧《长生殿·密誓》中的唐明皇、杨贵妃及牛郎、织女，20世纪初

昆剧《金山寺》中的法海、白蛇、青蛇，20世纪初

宫中剧照，20世纪初

宫中剧照，20世纪初

戏曲两人剧照，20世纪初

梨园票友《辛安驿》比武招亲，20世纪初

梨园票友《恶虎村》黄天霸与朱光祖，20世纪初

梨园票友《虹霓关》，20世纪初

梨园票友《坐宫》，20世纪初

梨园票友《白水滩》，20世纪初

《艳阳楼》右至左依次是高登、花逢春、呼延豹、秦仁，20世纪初

梨园票友戏装照，20世纪初

梨园小戏班，20世纪初

梨园小戏班，20世纪初

民间戏台，20世纪初

民间戏台，20世纪初

民间戏台，20世纪初

第九章　帝京众生

在摄影术发明以前，人类为保留有意义的人和事物以至重大事件的记忆，不得不借助画师的仔细观察和手中的笔来描述其形象，然而，即使是最擅长的观察和最逼真的画作，也难于完全记录下发生的过往。

19世纪初，照相术发明后，迅速在西方流行开来。经过几十年发展，摄影技术已臻成熟。鸦片战争之后，一些外国摄影师及爱好者先后把此术带进了中国。摄影术是从16世纪以来画家写生之时所使用的暗箱发展而来。1838年，法国物理学家达盖尔通过水银留下的印痕，改进了摄影术：用镀有碘化银的钢板，在暗箱中曝光，以水银蒸气显影，再以食盐定影。曝光大约20分钟，图像清晰，能够永久保存。这个摄影法，通称为银版照相法。1839年8月19日，法国政府宣布放弃银版摄影术的专利，服务于大众。于是，人们将这一天确定为人类摄影术的开端。

道光二十二年（1842），《南京条约》签订后，大批外国传教士进入中国，西方科学、技术随着入侵者的脚步进入古老的中国，摄影术也开始在中国上层盛行，并迅速传播。这一时期，最早接触摄影术的，是涉外官员。据记载，两广总督兼五口通商大臣耆英是清廷中最早接触摄影术的大臣之一，他将照片称为小照。当时，耆英照了相片，是法国海关总检察官埃迪尔亲自照的。意大利、英国、美国官员向他索取照片，他同意了，认为这是外交中的重要礼节。他向道光皇帝进奏："请奴才小照，均经给予。"皇帝同意。道光二十六年（1846）湖南进士周寿昌游历广东，在日记中说："奇器多，而最奇者，有二：一为画小照法，坐人平台上，面东置一镜，术人自日光中取影，和药少许，涂四周，用镶嵌之，不令泄气。有顷，须眉衣服毕见，神情酷肖，善画者不如。镜不破，影可长留也。”

对这一新奇事物，清室王公大臣由最初的惊异逐渐转为赞美。兵部侍郎崇厚在《脱影奇观》序中称之为：“开数千年不传之秘……”刑部尚书崇实也赋诗称绝：“光学须从化学详，西人格物有奇方。但持一柄通明镜，大地山河无遁藏。”

咸丰、同治年间（1851–1873），清宫中学会照相和留过影的人寥寥无几。人们熟悉、向往的依然是传统的肖像画。当时清统治阶层一度把它视为异端邪术，排斥于紫禁城外。他们认为，用镜箱对着皇帝、后妃取影，乃是冒犯龙颜 、有失体统的逆举，会“被摄走了魂”。这种观念一直延续至20世纪初。

19世纪后期的北京驻有不少欧洲外交官。他们在和清廷上层人物即王公贵族、朝中大臣等来往过程中传布和交流摄影术。虽然宫内一直未流行照相，但王爷们却早已冲破了这种愚昧意识，悄悄地爱上了这种“奇技淫巧”。照片“神情酷肖，便捷真切，更足取信”的绝对优势被当朝王公大臣们逐渐认同，他们纷纷跟风，争先效尤。京城的摄影首先出现在朝廷大员和皇亲国戚的家中，并逐渐推广代替了传统肖像画。

最早的宗室王公照片拍摄于道光二十四年（1844）。不到二十年第二次鸦片战争后，面对着内忧外患的局面，为了维护统治，清政府在中国掀起了一股自上而下的洋务运动的风潮，越来越多的政府官员与洋人打起了交道，接触到照片这一神奇之物，这些人开始迷恋上摄影这一西洋时尚。像奕䜣、奕劻、李鸿章、张之洞，这些中国历史上赫赫有名的官员都在力办洋务的过程中留下了自己的照片，显得颇为珍贵。

同治七年（1868），办理洋务的道光皇帝第六子恭亲王奕䜣，就请英国的约翰·汤姆森为他拍照。光绪十二年（1886）醇亲王奕譞受命总理海军事务。于是年四月赴天津巡阅海防，让醇王府所雇的专职摄影师广东人梁时泰跟随醇亲王左右，拍摄了一些照片，由醇亲王进呈皇帝御览。这样，照片便首次进入宫中。

照相机被携入皇宫，尘封久远的宫门得以重扉轻启。第一个将摄影术带进宫廷的人，可能是光绪皇帝喜爱的珍妃。但最终还是被慈禧太后以铁腕手段残酷扼杀了。慈禧太后步入晚年后，她却突然心血来潮，跃跃欲试开始对照相眷念不已。光绪二十九年（1903）慈禧最终决定特召曾在西方研习过摄影术的勋龄奉旨进宫，携带刚运回国的全套照相器材，作为御用摄影师，专门为自己拍照。慈禧一人就拍摄三十余种装饰、神态各异的银盐纸基照片。此后，宫廷上下，朝野内外，无不争先效尤，此风久久不衰。

早在光绪六年（1880）之前，玻璃底片、蛋白照片的湿版时代，摄影在中国就进入了第一个蓬勃发展时期，当时人们拍摄很多内容丰富的清末影像。寓居于各个通商口岸的西方职业摄影师在中国长期经营的照相馆、还有中国本土照相馆，以及流动的旅行摄影师们拍摄了一批不巧影像，不仅为后人留下了丰富多彩的清末视觉文本，还交织出一段段多元而富有故事的摄影史话。

光绪十八年（1892），留日学生任景丰在北京大栅栏开办“丰泰照相馆”，这是北京第一家照相馆。清末民初时期反映北京城人文风情的照片，人物与风俗并重，拍摄者力求通过这些照片立体地将旧京的百年风貌再现出来。这里的每一张照片，都拥有十分丰富的建筑、环境与人物信息，尤其是人物，可以细致到他们的生活起居与呼吸神态，我们透过镜头完全可以读懂片中人物的内心活动，鲜活又具体。毕竟，无论这座城市拥有多少座辉煌壮丽的建筑，拥有多少时令不同的景色，最重要的还是在城市中生活着的一个个鲜活的人，再具体一些可以称呼他们为“有血有肉的人”。他们是“城市生态”中最为重要的一环。历史过程转瞬即逝，但瞬间捕捉并定格为永恒的一个个历史片段，则原汁原味地还原了百年来的风风雨雨和方方面面，回味无穷，启迪无限。

照相作为一种时尚逐渐走进了中国社会，在洋人的镜头中，上至达官显要，下至普罗众生，不仅体现出百年前社会各个阶层的人物百态，而且透过他们的衣着、神态、人物关系及拍摄场景，亦折射出晚清至近代社会的生活原貌、政治活动及历史事件原貌，展现那个时代舞台上的代表人物的缩影。

满族人的穿戴与汉族人的穿戴有所不同，装束也有异。满族统治阶级入主中原定鼎北京之后，为了一统天下，在服饰装束上有种种规定，他们强迫汉族男子一律剃发梳辫。男子的发式，必须是额头部分要剃尽，成月牙状，这一截要经常剃发，保持光光的；自头顶中央以下则蓄发，把头发蓄得长长的，梳一根独辫拖在脑后。因此，有清一代上自皇帝下到平民百姓，男子的发式全是一样的，民国以后才彻底发生了改变。满族女子身着旗袍、梳高耸两把头、脚踏盆底鞋，而京城汉族女子则偏好缠足小脚、着三寸金莲。

北京素有“礼仪之都”的美称。礼仪是人类长期社会生活交往中形成并为人们共同遵守的仪轨形式，是一个民族历史及习俗的心理沉淀。家礼是华夏礼仪中重要的组成部分，它一方面约束、规范家族成员的行为，另一方面又折射出家族成员各种复杂的关系。在生活之中，最具家礼特征的是婚嫁、祝寿、丧葬等重大事件的礼仪形式。婚恋、祝寿及丧葬活动展现出京城家礼不同侧面的礼仪内容，形象地透视出国都传统文化中人文精神的内涵。

清末民初的帝京众生，不论是八旗贵胄还是市井小贩，就连褴褛衣衫的行乞者都被摄影师通通摄下：结伴串坊的旗女、摇橹待行的船户、沿街叫卖的贩夫、吹拉弹唱的艺人、出殡发丧的本家……镜头中的每一个人都拥有丰富饱满的表情神态，即便有些确属摆拍，也同样散发着原汁原味的市井生态，这是一笔多么珍贵的记忆遗产！

王公贵族，20世纪初

庆亲王奕劻，20世纪初

李鸿章，19世纪70年代

晚清大太监，20世纪初

清末皇族内阁成员，20世纪初

总理各国事务衙门大臣、兵部尚书、军机大臣沈桂芬，户部尚书董恂，工部尚书毛昶熙，19世纪80年代

军机大臣张之洞，20世纪初

朱启钤、袁世凯、张百熙，20世纪初

载沣与外国公使及公使家眷合影，1902年

晚清官员，19世纪末

晚清官员，19世纪末

晚清官员，19世纪末

清末官员李经迈，20世纪初

清末官员，20世纪初

肃亲王善耆，20世纪初

晚清总兵，1886年

八道一知府，1886年

北洋武官，1886年

李鸿章家族，19世纪末

溥伦全家照，20世纪初

满族王公家庭全家照，20世纪初

官员宅邸，19世纪末

官员宅邸，19世纪60年代

肃亲王善耆妹妹与妹夫，20世纪初

南口茶会，1908年

清末学堂，19世纪末

儒生学子，20世纪初

蒙古族一家人，20世纪初

清末男子，20世纪初

汉族一家人，20世纪初

蒙古族男子，20世纪初

汉族男子，20世纪初

汉族男子，20世纪初

蒙古族男子，20世纪初

蒙古族男女，20世纪初

蒙古族男女，20世纪初

男子执佩刀像，20世纪初

男子在菊花盆旁，20世纪初

女子倚榻看报，20世纪初

汉族女子，20世纪初

汉族女子，20世纪初

洋装女子，20世纪初

女子婚纱照，20世纪初

年轻夫妇，20世纪初

汉族女子，20世纪初

十佳丽，20世纪初

清末名妓赛金花，20世纪初

戊戌榜状元林绛雪，19世纪末

庚子夏榜状元小顾兰荪，20世纪初

沈丽娟和劫余花榜状元花兰芳，20世纪初

弹唱女子，20世纪初

正在梳妆的满族女子，20世纪初

打辫子，19世纪末

打辫子，19世纪末

打辫子，19世纪末

刮头，19世纪末

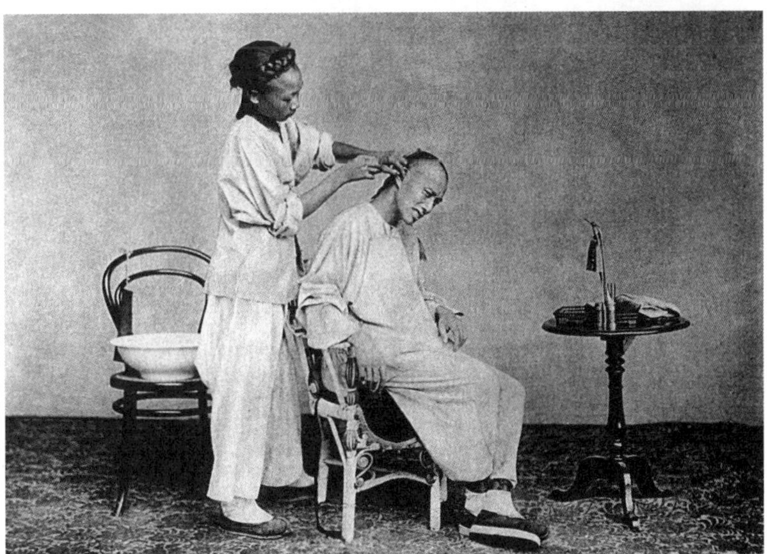

掏耳朵，19世纪末

拔牙，19世纪末

修脚，19世纪末

算账，19世纪末

听书，19世纪末

高跷队，19世纪末

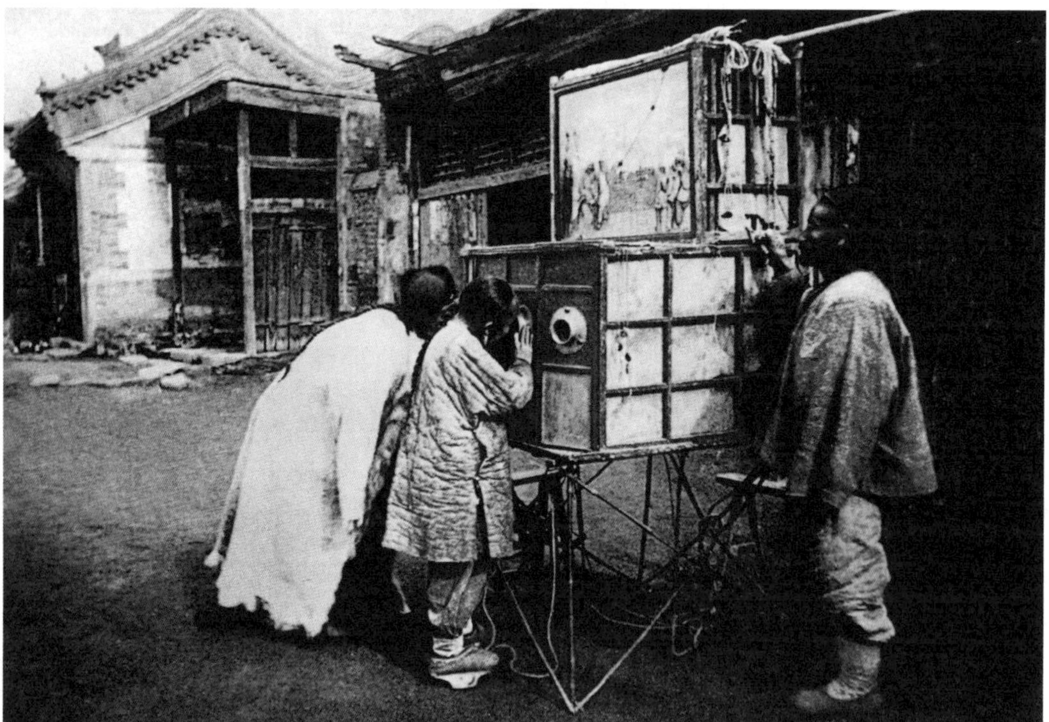

拉洋片，19世纪末

正在闲聊的妇女，20世纪初

吸大烟者，旁边女子拿着水烟，19世纪末

贵族们在十三陵，20世纪初

遛鸟，20世纪初

第十章 风情永在

真愿成为诗人，把一切好听好看的字都浸在自己的心血里，像杜鹃似的啼出北平的俊美。啊！我不是诗人，我将永远道不出我的爱，一种像由音乐与图画引起的爱。这不但是辜负了北平，也对不住我自己，因为我的最初的知识与印象都来自北平，她是在我的血里，我的性格与脾气里有许多地方是这古城所赐给的。我不能爱上海与天津，因为我心里有个北平。可是我说不出来。

——老舍

北京的美在先生的笔下，是音乐与图画引起的爱；在先生心中，北平的美无法用语言形容，甚至“说不出来”。

绿树，红墙，琉璃瓦，一座座焕烂璀璨的皇家建筑，是北京；
海子，兰桨，银锭桥，浩渺波光中漾起的粼粼塔影，是北京；
挑子，吆喝，大碗茶，熙熙攘攘规矩识礼的北京人，是北京；
胡同，沙燕，鸽子哨，茵茵碧草槐影婆娑的四合院，是北京……

北京的魅力就在这声声入耳的鸽哨中，一睁眼便见了人间四月，沉淀在斑驳的旧日里，回味在经历过的老辈人的记忆中，历久而弥新。那一座座矗立久远的建筑，变迁之后，风韵犹存；镜头前一张张新奇不解的笑脸，虽然早已走远，但却被镜头摄下来传到了今天。

今天的北京人无论长幼，不论经历与否，都喜欢回忆过去，都依恋那消逝的旧城。在钢筋水泥林立的“荫蔽”下，看一眼满目疮痍的四九城：熟悉的街巷日削月割，一月不出户，就能游一座新城！历史，现状，论争，无数次吹吹打打之后，不该拆的还是拆了，不该建的仍旧建了，一砖一瓦的拆解美其名曰“为首都增饰”，实则在不间断地谱写着古都丧钟的音符！保护的歌声如此嘹亮，行动的力量有待加强。万劫不复中的一点安慰是，我们还保有旧时美好记忆的载体——老照片，通过一张张泛黄的图景，我们可以走进那个同今天有着一样灿烂光华的往昔。

如果说传统建筑体现的是尺度，进深与开间，有着内在与外在的因果；那么照片中建筑脚下的各色人群体现的就是差异，光鲜与褴褛，亦有着一份莫名的因缘。看！黄包车串联的两个人虽然在身前有着无法逾越的差别，但在照片中，时间抹去了一切，没有阶级，没有高下，有的仅仅是一个凝固的瞬间，百年一瞥，竟成了永恒。

在这一章节里，我们特意将以往关注于高大威严的帝京建筑的镜头拉回到普通百姓的一面，去着重收录一批拍摄于清末民初时期反映北京城人文风情的照片，人物与风俗并重，力求通过这些照片立体地将旧京的百年风貌再现给读者。这里的每一张照片，都拥有十分丰富的建筑、环境与人物信息，尤其是人物，可以细致到他们的生活起居与呼吸神态，我们透过镜头完全可以读懂片中人物的内心活动，鲜活又具体。毕竟，无论这座城市拥有多少座辉煌壮丽的建筑，拥有多少时令不同的景色，最重要的还是在城市中生活着的一个个鲜活的人，再具体一些可以称呼他们为“有血有肉的人”，我们认为他们才是 “城市生态”中最为重要的一环。

市井，以《三才图会》所言，“人至市有所鬻卖者，当于井上洗濯，令香洁然后到市也。”后人将城镇市场或商贸聚集地泛称为“市井”。本章照片，反映了北京城市井之上的集市、街衢场面和各行各业手艺人的情形，浓厚的市井气息跃然于目。鳞次栉比的屋宇、招幌蔽天的店铺、熙熙嚷嚷的人群，构成一幅丰富的京城市井风情图。

旧京的娱乐，是人们在辛勤劳作、茶余饭后的业余精神生活内容。这类精神生活，纯属经营性的，不构成维持生计的负担。它对于辛苦劳累一天的人来说，可以愉悦精神、调整情绪、松驰身心，使疲劳的心力和体力从中得到安宁和恢复，对于无所用心用力者来说，也可以得到锻炼、消遣、发泄。不同阶层、职业、年龄的人，都可以从中得到精神上的享受、依托和乐趣。所以，许多老北京的旧影反映了人物内心一种恬适的心态，和谐而安静，更突显了几分快乐，与以往人们心中那个灰色的旧中国迥然不同，原来那时也可以是色彩斑斓的！

北京的风俗习惯，自古以来受到重视，古训中即有：“风俗，天下之大事也”；所谓“乡殊俗，国异礼，则民不流矣”。可见其对民族及其国家的维系和稳定的重要作用。同时，它也是窥探京城及其文化深层结构的窗口，既反映着北京人的精神面貌，也代表着京城文明的教化水平。然而，千百年来，随着星移斗转、岁月流逝，旧京的风俗习惯历经变迁，有些内容及其形式仍然继承和保留在今天，有些犹如春花秋草，曾经趋之若骛，而今则趋于势微，或者已经化为烟云；有些则保留在历史的文献资料中，使我们只可依稀了解那些已在现实生活中消失了的民族风情。更为直观的就是旧京遗留的老照片了。一个个凝固的瞬间，岁月雕刻年轮，人非物尚在。今日所见，远非原貌，百年一瞥，竟成了永恒。

拉洋片，19世纪末

鸣锣开道，19世纪末

新娘的轿子，19世纪末

婚礼，19世纪末

婚轿，19世纪末

婚轿，19世纪末

演奏，19世纪末

官轿，20世纪初

骡轿，20世纪初

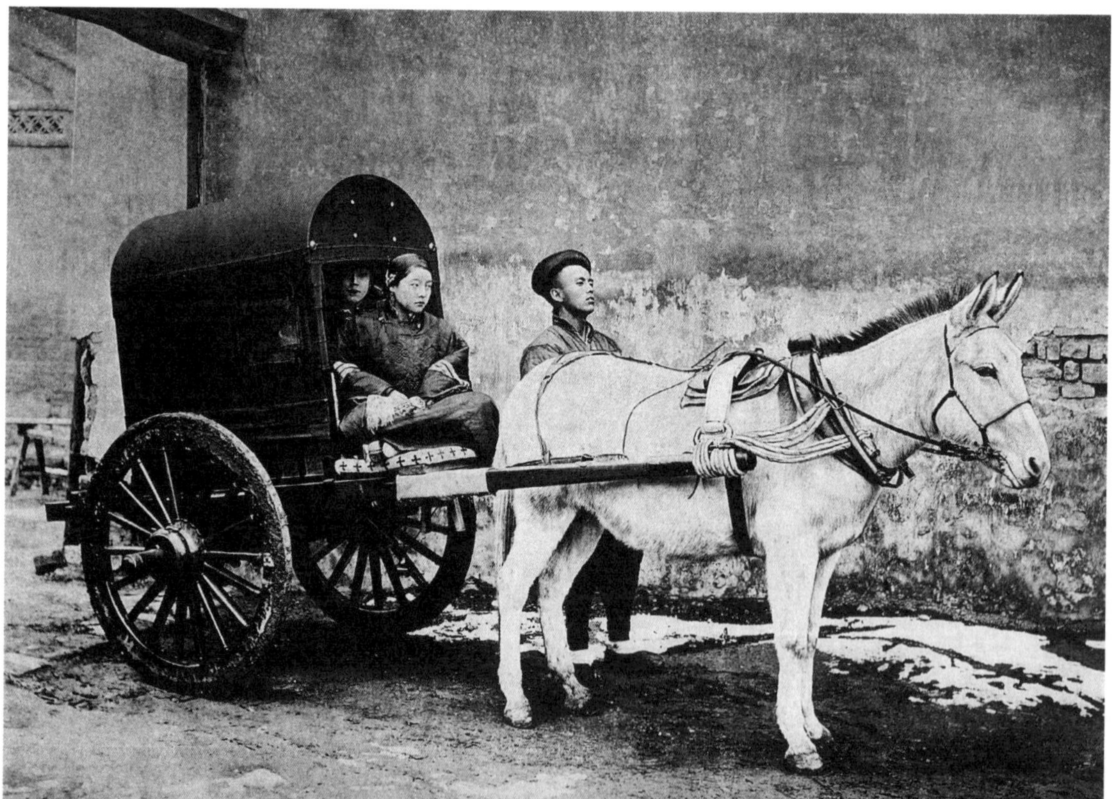

骡车，20世纪初

回娘家，20世纪初

满族女子骑驴，20世纪初

小夫妻回娘家，20世纪初

小脚妇人，20世纪初

弓箭手，20世纪初

长者，20世纪初

遛鸟，20世纪初

喝茶，20世纪初

遛鸟，20世纪初

曲艺人，20世纪初

洗衣服，20世纪初

买东西的老妇人，20世纪初

送蒜人，20世纪初

挑夫，20世纪初

磨剪子磨刀匠，20世纪初

挑夫，20世纪初

修鞋人，20世纪初

手艺人，20世纪初

捏面人，20世纪初

卖日用品的挑贩，20世纪初

逛集市，20世纪初

捡拾者，20世纪初

夜市，20世纪初

卖货人，20世纪初

木制自行车，19世纪末

独轮车，20世纪初

人力车，20世纪初

载人独轮车，20世纪初

独轮车，20世纪初

独轮车队，20世纪初

黄包车，20世纪初

黄包车，20世纪初

赶集，20世纪初

牵骆驼的小孩，20世纪初

骆驼队，20世纪初

骆驼队，20世纪20年代

东长安街牌楼下的出殡行列，20世纪初

出殡行列，20世纪初

出殡行列，20世纪初

出殡行列，20世纪初

皇城根下的出殡行列，20世纪初

皇城根下的出殡行列，20世纪初

众人抬着的灵柩，20世纪初

皇城根下的出殡行列，20世纪初

河运，20世纪初

清理河道，20世纪初

坐冰床，20世纪初

取冰存窖，20世纪初

出城，20世纪初

马车队，20世纪初

郊游，20世纪初

郊野，20世纪初

出游，20世纪初

京郊游猎，20世纪初

京郊，20世纪初

长陵神道，1868年

围坐在篝火旁，20世纪初

后记

我出生在一个家教甚严的归侨之家，少年生活可谓是在鸡毛掸子下度过的。平常除了上学外，还要练小提琴、学素描绘画、学俄语等，父亲教我怎样待人接物，希望我未来出人头地，但自己都不喜欢。“文革”一来，什么都不用学了，我反倒是解放了。邻居家有部老相机，有时会借来一起玩，自己还动手做了个曝光箱，晚上把小屋的门窗堵上，尝试冲印照片。当看到从显影液中渐渐现出刚拍摄的影像时，兴奋中颇有点成就感。

20世纪60年代，当我第一次登上景山万春亭时，撞进眼帘，砸进心中的景致让我惊呆了。只见方方正正神秘的皇宫紫禁城，旁边皇家御苑中南海、北海，东西南北的城门楼、箭楼耸立云霄，街道正直，一簇簇绿树中掩映着一条条屋脊。我觉得北京太美、太神秘了。万春亭的位置正在北京城的中轴线上，长辈指给我看：南方正中是永定门、五牌楼、正阳桥、正阳门、中华门、大安门、端门、午门、太和门、太和殿、中和殿、保和殿、乾清宫、交泰殿、坤宁宫、坤宁门、钦安殿、顺贞门、神武门、北上门，到了绮望楼，就在脚下。再看万春亭的北坡下正中：寿皇门、寿皇殿、景山北墙外左右雁翅楼中间夹着地安门内大街、地安门、地安门大石桥、鼓楼、钟楼。这样一条南北笔直的线，丝毫不显呆板，只觉得它通达宏伟。万春亭脚下右边是西苑三海，湖水澄碧，楼台倒影。紫禁城内金光闪闪的宫殿与蓝天白云相映，成为一幅最美妙的天然图画。再极目城外，东南平远，一望无际；西北山麓起伏，像一锦屏，让人流连忘返。

回家路上经过西直门城楼，进了瓮城，出箭楼，就到了西直门外的北展。在城门洞靠墙的石头架上依旧放着那个古色斑斑的大门栓。西直门外道南有一家饽饽铺，是老字号，各样满汉饽饽俱全，以“薄脆”和“破边缸炉”最著名。高梁桥旁的老式客店，白粉墙上描着大字“四合老店、安寓客商”。还有院子很大、有很多拴马桩和马槽的大车店，北边就是村子和菜地。

年轻时，常结伴骑车到西山一带去玩，每当登上香山鬼见愁，颐和园昆明湖、玉泉山、北京城诸胜尽收眼底。眺望远方，一座锦绣城池非常清晰，心潮澎湃，浮想联翩，想起明人李时敏《北京赋》中对于永乐建造北京的赞美句子：“建不拔之丕址，拓万雉之金城。引天泉于西阜，环汤池而镜清。九衢百廛之通达，连甍邃宇之纵横……”大的景物已观之不尽，更有趣的是，有些人家正在庭院里吃晚饭，那是初秋金风送爽的天气，想到晚饭中可能有这个季节北京照例新上市的烧羊肉，过油一炸，夹上烫手热的芝麻酱烧饼，喝碗绿豆汤，多么美呀！多愿京城风情永驻。

由于时代的特殊机缘，高中毕业后的我有幸来到了故宫博物院。图书馆是我最初的工作岗位，那里收藏的大量晚清皇家旧照深深地吸引了我，从此，我开始了对这些尘封影像的潜心研究和解读。我时常向身边朱家溍、刘北汜、单士元等渊博的老先生学习，向溥杰、溥任、完颜爱兰等清皇室旧人请益，并对摄影兴趣更浓。当时，我花了全部积蓄，又借了点互助金，买了一部二手佳能相机，在图书馆东耳房设了个暗房，从院里调了一台放大机，便开始了真正意义上的摄影生涯。由于这方面的特长，后来我调至紫禁城出版社工作，更是如鱼得水。

当年我们一道努力出版的几本故宫珍藏老照片集曾轰动一时，在全国掀起了一股老照片的热潮，我在这圈里也算是小有作为了。

我在故宫行走近四十年，几乎走遍、拍遍了紫禁城的每一个角落。宏伟宫殿建筑群里的阴晴雨雪，晨钟暮鼓下的红墙黄瓦，夹带着历史的厚重气息、扭曲的风韵、摇曳的叹息。这一切，让人情不自禁地去窥秘、探索、考证、揭示……人生似梦，梦如人生；雪泥鸿爪，雁过留痕。在故宫工作四十年来，我为数十种图录、书刊拍摄封面，配图更超过数千幅，发表在报刊、图书上近百篇研究、考证及纪实文章，出版图书著作十余本。

清末民初的摄影技艺在封建文化和西洋文化夹缝中生存发展，它们的形式和内容带有特定历史时期留下的痕迹，艺术水平也良莠不齐。但跨越漫长的一个世纪，这批留存于世的影像，毋庸置疑，成为宝贵的文化遗产。它们是今天的我们探究摄影史、清史和民国史真实、生动、直观的不可替代的珍贵史料。《皇朝落日》、《寻觅旧京》、《北京城百年影像记》将我大半生的考证研究成果融入其中，以飨读者。它们是我数十年来工作的结晶和总结，更是我向同道的汇报。映照昔日皇朝，借图说话；近代世事沧桑，以史为鉴。让沉默的影像，告诉你历史的真实。

这本《北京城百年影像记》的出版是向京城营建三千年、都城缔造八百六十年、紫禁城兴建六百年、故宫博物院建院九十周年的献礼。特别感谢原文化部副部长、故宫博物院院长郑欣淼先生为本书作序，故宫出版社编辑王志伟先生殚竭尽职的编辑工作，并撰写

《风情永在》一章，以及提供了弥足珍贵的历史照片。本书在撰写过程中参考了苑洪琪先生、颜仪民先生等专家学者的相关文章，在此一并表示谢忱与敬意。

今年是我的本命年，在我退休之前更要感谢这个伟大的时代，使我青年时的梦想成真，感谢故宫博物院和故宫人的包容和厚爱，故宫与故宫人给了我成长的独特环境、难得机遇和一片我所钟爱一生的研究领域。帝京遗迹，岁月沧桑，今日所见，远非原貌。体现着国都的包容性和博大精深。时光流转，洗尽铅华，湖水如镜，映照着历史的微澜……愿这本承载着丰富文化气息的《北京城百年影像记》能够从清朝末期上至皇室，下至平民百姓等各阶层的生活状态，通过这些生动、丰富的历史瞬间，勾勒出了一幅幅社会风情众生相，将老北京的历史风貌传播给今天与明天的读者。同时，为研究帝京的皇宫禁秘、城垣门阙、宫廷御苑、敕建庙宇、京剧沿革、市井民俗的朋友们提供真实可靠、弥足珍贵的形象史料，使历史的瞬间永久留在世人的记忆中。

林京

2015年12月于紫禁城南十三排

图书在版编目（CIP）数据

北京城百年影像记 / 林京著. —北京 ：故宫出版社，2016.8（2019.6重印）

ISBN 978-7-5134-0863-9

Ⅰ. ①北… Ⅱ. ①林… Ⅲ. ①北京市－地方史－史料 Ⅳ. ①K291

中国版本图书馆CIP数据核字（2016）第126352号

北京城百年影像记

著　　者：林　京

出 版 人：王亚民
特约审稿：罗东生　宁　霄
责任编辑：王志伟　伍容萱
装帧设计：王孔刚
出版发行：故宫出版社
地址：北京市东城区景山前街4号　邮编：100009
电话：010-85007808　010-85007816　传真：010-65129479
邮箱：ggcb@culturefc.cn
制　　版：北京印艺启航文化发展有限公司
印　　刷：北京启航东方印刷有限公司
开　　本：787毫米×1092毫米　1/16
印　　张：25.5
版　　次：2016年8月第1版
2019年6月第4次印刷
印　　数：15501～20500册
书　　号：ISBN 978-7-5134-0863-9
定　　价：76.00元